像哲學家一樣思考

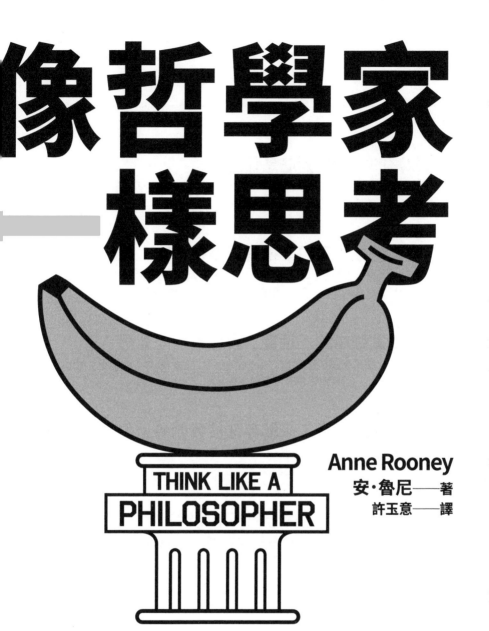

Anne Rooney

安·魯尼———著

許玉意———譯

THINK LIKE A
PHILOSOPHER

27堂邏輯素養課 Step by Step

鍛鍊你駕馭AI的思辨力！

CONTENTS 目錄

說真的，哲學到底是什麼？

透過闡述命題、邏輯推理與論證，哲學試圖向我們揭示「何謂真理」的答案，並據此歸納出人生的規則與信念。

有些人認為，哲學是象牙塔的學術，並不適用於現實世界。這樣的想法並不正確。在我們做出的每一項重要決定背後，都是哲學，影響著我們生活的方方面面。

　　哲學思想創造出我們的法律，以及我們對宗教文本的解釋。無論是我們對待罪犯的方式、我們如何組織學校、監控攝影鏡頭的安裝、食品中的基因改造成分、我們該繳多少稅、網路色情的取得，以及我們是否可以進行器官移植，這些全是哲學問題。

　　思考倫理、政治及形而上的問題總是令人愉快且感覺自主。如果你想針對現代生活中的關鍵問題發展出有論據的觀點，這是很重要的。

　　哲學有助於你形塑自己的想法和原因，並使你成為「你認為應該要成為」的那種人。

　　這並不意味著要實現成為諸如電影明星或太空人之類的雄心壯志，而是要知道什麼對你來說是重要的，並按照自己的標準和優先事項來生活──沒有比這個更重要、更令人滿意的目標；沒有比「打造人」更好的工作；也沒有比「自己」和「自己的大腦」更好的起點了。

人們對哲學家的迷思

　　一直以來，哲學家往往喝太多酒和咖啡、抽太多菸，且對生命的意義感到憂心。

　　「我真正缺乏的是，我的腦袋需要一種清明，能清楚知道我要做什麼……重要的是找到一個於我而言真實的真理，找到一個我可以為之生存和死亡的理念。」

——齊克果（Søren Kierkegaard）

每個問題都有解答嗎？

　　如果我們想知道兩座山之中何者更高，我們可以為之測量並比較結果。假如我們測量準確的話，就會得到一個

確定的答案。

　　哲學卻不是如此運作的。假若你認為有上帝，而我不這麼認為，我們都可以各自提出自己思考判斷的理由，但客觀的觀察者不可能百分之百確定誰才是正確的。

　　關於墮胎的道德性、民主是否是最公平的政府形式等問題，我們無法找到一個普世的「正確」答案。

　　我們有辦法利用尺度測量山的高度，但我們要如何為彼此的想法進行評分較量呢？我們可以藉由理性的辯論，從兩個或兩個以上相互矛盾的觀點中擇一。若想要獲得任何東西，則必須以開放的思想和求知欲來學習哲學，從中藉以改變或深化自己的觀點。最後，你可能會發現你仍持有同樣的觀點，但它們將有一個更堅實的基礎，因為它們乃是立基於理性，且有證據的輔佐。

觀點與真理

　　由於缺乏明確、外顯的證據，一些人傾向於認為哲學命題無外乎是「個人觀點」的問題。然而，缺乏「正確」的答案並不會使一個問題成為觀點。反之，哲學涉及一系列程序，包括闡述命題，並藉由邏輯和推理論證來進行探索或為之捍衛、反駁反論證，並試圖找到可能的最佳答案。

這些答案或許會被其他論點推翻，就像一個物理學理論可能會被另一個更好的理論取代一樣。在物理學中，判斷理論孰優孰劣的原則是，該理論要能符合所觀察到的現象，使我們能夠據以做出預測，且經結果證實是正確的。同樣的，要使一種思想在哲學上站得住腳，它必須是前後一致的，沒有內部矛盾，具有包容性，且在許多情況下是普遍適用的。

危險──哲學帶來的壞影響 **Key Points**

古希臘哲學家蘇格拉底在雅典四處遊蕩，教授哲學。他與貴族青年頻繁辯論惹惱了城市裡的長者，年輕人因此製造更多不必要的麻煩和爭論。蘇格拉底最終因為腐化年輕人和冒犯神靈等罪名而受到審判。他曾收到緩刑機會──假如他放棄哲學的話。但他拒絕了，這進一步激怒了法庭。西元前399年，他被判處死刑，在朋友們的圍繞下，喝下毒芹汁被迫了結自己的生命。他被公認為西方哲學的創始人。

對哲學家來說，迫害是一種永恆的危險。極權主義政權經常反對知識份子。毛澤東統治之下的中國、波布（Pol Pot）的柬埔寨和史達林的蘇聯政權都曾囚禁和虐待知識份子，因為他們有慫恿民眾挑戰權威的潛在危險。兩千五百年前，同樣的指控也曾指向蘇格拉底。亦即那些不容易管理的人。在未進化的國家眼中，哲學家在智力上的威脅等同於軍火商。

這是「始終為真」的嗎？

假如我們最終無法證明一個哲學命題的真實性，這是否意味著沒有所謂的「哲學真理」（philosophical truths）存在？哲學家曾叩問此一問題，但正如你所料，他們都給出不同的答案。

這個問題並不局限於哲學，也存在其他學科專業中，包括物理。我們在物理學上的發現真的是一種客觀真理的發現嗎？抑或只是一種表達我們對這世界觀察的便利方式？真理或許就在咫尺之遙，但我們無法確定。

殺人是錯的嗎？

和科學一樣，哲學也試圖接近真理。如果假設「殺人是錯誤的」，我們很快就能想出一些不會被大家認為是錯誤的例子——例如，一個病危的人在痛苦中請求解脫。這讓原本的假設變得無法普遍適用，而需要被調整。我們可以把它純化為「違背他人意願殺人是錯誤的」。再一次，我們或許又能想出幾個反例。戰爭呢？司法執行呢？有些人仍然堅信第一種命題是正確的，且提供論據以支持他們的觀點，但是有些人可能會再次修改第二個命題，也許是改成「在和平時期違背無辜人民的意願，直接殺害他們是

錯誤的」。

　　經過這種仔細審查和不斷反覆的過程，哲學試圖提出我們賴以生存、建立社會，以及正直地與自然世界聯繫的規則和信念。在此一過程中，也許會連帶發現一些真理。

少有哲學家認為，在戰爭時期對無辜平民進行殺戮是正當的。從現代角度來看，奧匈帝國軍隊在第一次世界大戰間未經審判立即處決塞爾維亞人，顯然是一種戰爭罪行。

Chapter 1

你真的在思考嗎？還是只是在「想」而已？

詢問自己應該做什麼，以及試圖決定自己對某個議題的看法——這是進行哲學思考的起點，邏輯和理性則是串連思緒的線索。

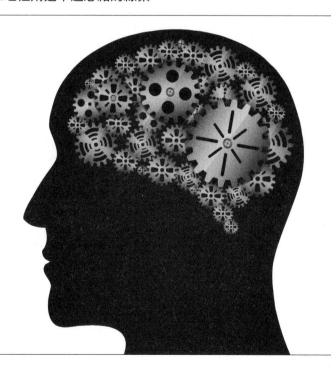

質疑萬事萬物

訓練有素的思維從不會把任何事物視為理所當然。在〈前言〉中，我們看到一個貌似簡單的問題：「兩座山中何者為高？」在回答之前，我們需要更明確的定義。在哲學中，所有的問題和專有名詞都必須經過檢驗和定義，之後才有把握提出答案。

「邏輯」和「理性」是我們在哲學上會使用的兩大工具，其所產生的論據只能用語言來表達。這意味著語言本身會受到仔細審查。二十世紀的哲學著作中，有很大一部分都在檢驗語言的基礎和可信度。

當你開始研究哲學時，你會覺得所有事物都在不停變化，問題在你面前堆積如山。這種狀態可以是令人感到精力充沛的，也可以是令人恐懼的，或者兩者兼而有之。

倘若你喜歡凡事確定的感覺，那麼哲學可能並不適合你。但是，如果你喜歡做腦力體操，且不介意過去你用以建立生活的基礎被硬生生地扯下，那麼哲學可能就是你正在尋找的。

> 哲學是一門專業學科。你必須訓練、控制你的思想。哲學絕非憑空捏造而來。再說，要能訓練你的思想並不容易。
>
> ——提姆·克瑞恩（Tim Crane）
> 劍橋大學騎士橋哲學教授

拆散確定性

蘇格拉底曾說過，他唯一能確定的事，就是自己的無知；如果他比別人聰明，那是因為他承認自己的無知。

碎形（fractal）是一種漸趨複雜的圖案模式。隨著圖形分裂，模式會不斷進行複製，因此當你愈是趨近查看時，愈能看到小之又小的細節。在數學中，碎形包圍的面積是有限的，但卻有著無限長的邊界。你可以把哲學想成是碎形，每個問題都會引發出更多問題。

蘇格拉底會挑戰那些自認為學識淵博的人，請他們定義一些諸如「勇氣」和「正義」等常見的概念。接著他會提出反論點，揭露出他們言論中前後不一致或矛盾之處。不論他們如何精心回答，他總能挑出其中論點的毛病。蘇格拉底想要證明的是，所有事物都比我們以往想像中要複雜許多，若不詳加審視、全盤接受大眾普遍持有的信念，是不明智的行為。這正是他失寵於雅典當局的原因。他的教學方法（被稱為蘇格拉底法），至今仍為人所使用。這是一種辯證的方法，一種以理性論證為框架的對話，在這種論證中，合乎邏輯的回應應該要把參與者引向「真理」。

建立理論

　　雖然蘇格拉底使用辯證法主要是為了拆除已確立的信念，但辯證法自他的時代以來都是用來建立知識。再一次，這是經由提問和回答的過程來進行的，答案會激發新的問題，而這些問題則進一步深入探究，並讓參與者逐漸深入理解。

黑格爾（Georg Hegel）

說到辯證法，常讓人聯想到十八世紀德國哲學家黑格爾，他以三種層次提出辯證法：

- **正論**：以正確角度提出的觀點或陳述，例如：「說謊是錯誤的」。
- **反論**：與正論互為矛盾的合理回答，例如：「說謊有時能避免他人受到傷害，因此說謊可以是好的。」
- **合論**：對觀點的一種新陳述，根據反論提出的反對意見加以修正。在這個例子中，它可能是：「當不是為了保護受欺騙的人時，說謊便是錯誤的行為。」

整個「正─反─合」過程可以不斷重複。形成的合論成為新的正論，經人審視和重新調整。經由這些步驟，無論是與他人對話，或是進行自我思考，都能供人仔細檢視自身想法，並使其更有說服力。

從零開始

一般來說，當代哲學家會運用早期哲學家的發現，以邏輯和論證不斷推動辯論往前發展。但情況並不總是如此。哲學是少數幾個專業學科之一，能拋去以往的一切，

另起新爐，重新創造新的原理原則。只要新模式合乎邏輯，且內部一致，便極有可能被認真看待。

　　海德格（Martin Heidegger）和維根斯坦（Ludwig Wittgenstein）都認為，兩千年來，哲學家們把一切全搞錯，現在是該重新開始了。維根斯坦甚至說：「對我而言，別人是否已經預料到我的想法已無關緊要。」如此一來當然會節省很多時間（否則你會花很多時間廣泛閱讀、研究前人的想法），且帶來新鮮感，容許全新的角度出現。

法庭上的案件乃是經由辯論進行審判，一方為被告辯護，另一方則為原告辯護。哲學辯論的技巧和方法經常被用來判定某人是否犯了罪。

邏輯的作用

　　邏輯是一種高度形式化的思維和推論方式，使用語言作為精確的工具。第一位提出邏輯方法的哲學家是亞里斯多德，他的生活背景是西元前384至322年的雅典。他向我們展示，如何從兩句共享一個「術語」的真命題開始，然後用不共享的術語從中引出另一句真命題。這種方法最著名的例子（或稱為三段論〔syllogism〕）是：

　　男人終有一死。蘇格拉底是男人。因此蘇格拉底也終有一死。

　　此處共享的術語是「男人」，分別位於前兩句陳述中。讓我們將之簡化為更具公式化的形式：

　　所有A都是B。C是A。因此C也是B。

　　即便我們除去內容（關於男人和死亡的細節），第三句陳述仍屬正確。這說明了邏輯的有效性：邏輯代表陳述之間的正式關係。只要前兩句陳述為真，這個序列就會持續運作。這類邏輯不容反駁。也因此，哲學的困難在於填

補術語（或找到陳述）能引導我們產生有用和有意義的結論。這也是我們必須非常精確和小心的原因。

亞里斯多德

Key Points

扮演魔鬼代言人

在哲學辯論中，一個人或一群人可能會扮演「魔鬼代言人」（devil's advocate）的角色，為某種觀點進行辯論，而這種觀點不一定是他們平常所擁護的，僅僅為了辯護目的而存在。西元1587到1983年，「魔鬼代言人」成為官方正式職位。在審查封聖候選人的案件時，「上帝代言人」提出了「原始聖徒」的主張，而「魔鬼代言人」則對此提出質疑。在上帝的案子上挑骨頭是魔鬼代言人的工作。蘇格拉底便是扮演此種魔鬼代言人的角色，以揭露對手論點中的矛盾之處。

假設我們這麼說：

殺人是錯的。墮胎涉及殺人。因此墮胎是錯的。

這樣的說法面臨幾項挑戰。第一，「殺人是錯的」是否為真命題。在某些情況下，殺人或許並不總是錯的。第二個問題是，墮胎是否涉及殺人：我們必須釐清，胎兒何時或是否算是人，以及我們是否能「殺死」並非獨立存在的生物。雖然邏輯看似健全，但內容卻不合理。若要實踐哲學，我們必須嚴格控制邏輯和內容，亦即「訓練我們的思想」。

哲學要從何開始進行？

法國哲學家勒內・笛卡兒（René Descartes）曾說過這樣一句名言：「我思，故我在。」這是他進行哲學思考的起點。他意識到他需要從自身確信的事物開始，亦即從一個安全的命題觀點開始（順道一提，他還發明了用來繪製圖表的笛卡兒座標系〔Cartesian coordinate system，譯按：亦稱直角座標系〕）。

笛卡兒所想到的起點，乃是他自身的存在，他能思考

便足以證明。運用亞里斯多德的三段論，他可以這麼說：

只有存在的事物才會思考。我會思考。因此我存在。

我們現在知道，第一句陳述是有爭議的（比方說，所有微生物都在思考嗎？）。因此，笛卡兒的假設很可能是建立在有缺陷的邏輯之上。

對大多數人而言，哲學中更重要、更緊迫的問題常是倫理問題——這些問題與道德上的正確與否有關。這是我們在日常生活中最可能遭遇哲學困境的領域，也是哲學困境對你我的行動產生影響的領域。例如，我們是否應該不顧家中長輩的意願，逕自把老人家送到養老院？或者我們該如何對待動物？這類問題可能比是否（或為什麼）存在這些問題更有意義。

通常這就是你開始進行哲學思考的起點：詢問你應該做什麼，或者試圖決定你對某個特定議題的看法。但哲學問題尤其容易導致使命偏離。一開始看似簡單而具體的問題，其根源往往要深得多。這就是笛卡兒何以必須從確立自身的存在開始。哲學正因為這個面向，而顯得如此迷人且有益。

Chapter 2

哲學家眼中的「現實」到底是什麼意思？

假如有一棵樹在森林裡倒下，但附近並沒有任何人聽到「樹倒下」的聲音，那麼，這棵樹究竟有沒有發出聲音呢？

我們所謂的「現實」，究竟是什麼意思？其中有任何事物存在嗎？我們能肯定嗎？存在（existing）和存有（being real）是一樣的嗎？

外面有什麼？

對哲學家而言，沒有什麼是定當發生的假定事實。我們必須證明事物，這也包括了證明「存在」這

> 比方說，你所理解或我所理解的事物，可能無法為貓所理解。假如公園裡有一棵樹倒下，周圍沒有任何人能幫忙扶持，它會無聲無息，看不見，也無以名狀。如果我們消失了，也就根本沒有樹了；任何意義都會隨著我們一同消失。當然，除了貓對這一切的理解之外。
>
> ——威廉·佛斯特（William Fossett），《Natural States》，1754

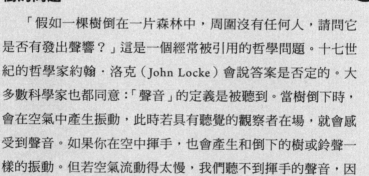

Key Points

樹的問題

「假如一棵樹倒在一片森林中，周圍沒有任何人，請問它是否有發出聲響？」這是一個經常被引用的哲學問題。十七世紀的哲學家約翰·洛克（John Locke）會說答案是否定的。大多數科學家也都同意：「聲音」的定義是被聽到。當樹倒下時，會在空氣中產生振動，此時若具有聽覺的觀察者在場，就會感受到聲音。如果你在空中揮手，也會產生和倒下的樹或鈴聲一樣的振動。但若空氣流動得太慢，我們聽不到揮手的聲音，因此一片寂靜。有可能其他的生物會聽到揮手的聲音。對他們而言，這世界會是一個喧鬧嘈雜的地方。

件事。笛卡兒在嘗試建立他所確信的事物時，提出了他著名的「我思故我在」。他對自己的存在感到安心，因為他相信，自己若不存在就不會思考。但他的假說並不可靠。後來的哲學家指出，所有的思考都證明了「思考」這件事正在發生，而不是笛卡兒所謂的「存在就是為了思考」。

即使你對自身的存在感到確信，你能確定還有其他人存在嗎？也許你已經創造了整個外在世界、所有人類，以及你過去的經歷（還有這本書，能促使你思考這類議題）。也許終究沒有什麼是真實的。

> （現實）是一個具有爭議性的概念，主張「事物」就在「那裡」，這在某種程度上是無可爭議的。
>
> ——偽基百科
> （Uncyclopedia）

真實或想法？

相信現實獨立於任何觀察者而存在的哲學家，我們稱之為「實在主義者」（realist）。認為現實屬於人類頭腦中構建的一種思想，則屬於「理想主義者」（idealist）。實在主義和理想主義都有各種不同種類。

最基本的實在主義者認為，萬事萬物皆存在，正如同我們所看到的那樣。這是大多數人的預設立場——我們在日常生活中假設現實是「存在的」，一如我們所想的那樣。

哲學家稱之為「素樸實在論」（naïve realism）。亞里斯多德是主要的實在主義者，他對這個世界的存在和真實感到確信。他還認為，感官給了我們對世界的可靠體驗。相較之下，亞里斯多德的導師——柏拉圖的觀點更為複雜。他相信「現實」有兩種層面。第一層（亦即較優越的一層）是理想的「理形」（form）。理形是事物的本質或理想，舉凡完美的馬、最完整的正義概念，甚至最好的髮型都是以「理形」的方式存在。

不幸的是，以我們不完美的身體狀況，我們無法進入理形界。我們反而是生活在現實的第二層面，也就是一個相對劣質的物質世界。這個世界上有許多理形實例（或實例化），但沒有一個是真正好的。現有的馬外型並不是特別流暢，速度也不是超級快；人類的司法系統有點腐敗；放眼望去，路上所見的髮型大多也很糟糕——但這是我們唯一可得的現實，因此也只能將就。柏拉圖利用「洞穴寓言」，試圖解釋我們所感知的現實（物質世界），以及更純粹、更高級的理形界之間的懸殊差異。

德國哲學家康德也採取了類似的方法，將我們所經歷的「現象」（phenomena，亦即可見、有把握的、可察覺的，以及可理解的現實），與「事物本身」（他稱之為「本體」

〔noumena〕）區分開來。這些本體不存在於空間和時間中，無法為我們所理解，因為它們獨立於人類的感覺／知覺而存在。

> 外在事物的真實性並不需要精確證據的證明。
>
> ——康德（Imunanuel Kant）

Key Points

洞穴寓言

　　想像有一群人自出生便被囚禁在山洞裡。透過火光，他們可以看到洞外生物投射在洞壁的影子。就洞穴中的人而言，這些影子是真實存在的。他們提出理論來解釋現實是如何運作，以及為什麼事情是如他們所見的這般存在。如果有人逃離洞穴，發現真正的現實，他們一開始會苦苦掙扎、不相信眼前的真實。而當他們回到洞穴時，會發現自己很難向其他穴居人解釋，大家在牆上看到的根本不是現實。柏拉圖便是採用這類返回洞穴的流亡者角色，試圖向人類解釋此一哲學思想：我們所看到的並非一流的現實，儘管這是我們所能經歷的一切。

替代（非）現實

假如你不相信現實存在，還有其他選擇，包括：

- **「缸中之腦」**：你的大腦並不在一個活生生的身體

裡，而是被保存在一個滿是生命維持液體的大缸中。你的大腦被一台電腦輸入圖像和感覺，由是創造出一個你現在認為是真實的虛擬現實。

- **「邪惡的惡魔」**：有一個邪惡的惡魔控制著你，並說服你「現實」是真實的。

- **「一切都只是夢」**：當我們做夢時，夢境似乎是真實的，那麼我們該如何知道自己的人生不是一場夢呢？西元前四世紀，中國古代哲學家莊子曾聲稱夢見自己是隻蝴蝶。醒來後他問道，要如何知道哪個身分才是真實的：是莊子夢見自己是蝴蝶？還是蝴蝶夢見自己是莊子？

- **電影《駭客任務》是真的**：我們居住在由其他生物創造的電腦模擬器中。

- **「它剛剛才發生」**：世界是直到最近才被創造出來的，也許是上週四（這個理論有時被稱為「上個星期四主義」〔Last Thursdayism〕）。這世界裡的所有一切，包括你的記憶，都是為了給人留下「年代久遠」的印象。這是一個稍短版本的創世論，後者堅信世界是在幾千年前創造的，因為有著顯而易見的地質歷史。

我們無法證明，那些看起來古老的東西不是最近才被創造出來的；且為了欺騙大眾，那些事物提供令人信服的證據、證實自己的悠久歷史。

把上帝也一併納入考慮

　　英裔愛爾蘭主教喬治・柏克萊（George Berkeley）經常被誤認為是第一個提出「樹的問題」（請見第26頁）的人，假使讓他來回答，他會主張「不僅沒有聲音，也沒有樹的存在」。但「沒有樹存在」的這個主張，還有另一層特別的意義。

　　對柏克萊而言，正如後來對威廉・佛斯特一樣，所有的經驗都是經由我們的感官得知的。存在的一切都只是

我們對事物和狀態的感知，無論是內在或外在。如果我們沒有感知到某事物，它便不存在；或說「存在即被感知」（Esse is percipi）。但是柏克萊並不相信我們憑空創造了所有這些感官知覺。正如他所說，當我們睜開眼睛時，我們並不會選擇去看什麼。感知的多樣性乃是來自於上帝。當上帝持續看一棵樹時，即使沒有人看到，這棵樹仍然在同一個地方等待下一個人出現。這是聰明的理論，但該理論需要很多上帝──尤其是需要上帝的存在。

Key Points

沒有什麼事情是存在的

關於現實，古希臘哲學家高爾吉亞（Gorgias）採取了強硬、消極的觀點。他說：

- 沒有任何事物是真實存在的。
- 即便有什麼事物存在，我們對其也一無所知。
- 即便有些事情是可知的，但是關於它的知識卻是無法傳遞給他人的。

這種論點被稱為「唯我論」（solipsistic view），亦即只接受思想家的存在是無庸置疑的（在哲學中，「存在」與「存有」不盡然是同一件事）。

事物的真實樣貌

我們總是經由自身的身體（感官或頭腦，請見第3章）調節，對所有存在事物有所認知。再一次，我們又回到「感知」的議題。我們把某事某物描述為硬的或軟的，濕的或乾的，全憑我們對它的經驗為何。

假如你撫摸毛皮，之後再碰觸鋼鐵，你會注意到它們彼此之間的差別。毛是軟的，鋼是硬的。毛是熱的，鋼是冷的。但是，這些真正的區別，有多大程度是與物質本身不可分割的呢？而又有多大程度只是我們對它們的感知不同呢？

假設毛皮和鋼鐵被放置在同一個房間一段時間，都有著相同的溫度。毛皮摸起來很暖和，因為它是熱絕緣。鋼給人冰冷的感覺，因為它是熱傳導——鋼會抽取我們手指的熱度，也因此我們會感覺冷。毛皮感覺柔軟，是因為它是由許多微小的纖維組成且充滿空氣。即便我們也可以利用鋼鐵製作毛皮，但我們通常一想到鋼鐵，都是將之視為

> 以下這個假設在邏輯上並非不可能：世界五分鐘前才突然誕生，並且與在此之前的世界一模一樣，而居住在其中的人們都「記得」一段完全不真實的過去。不同時的事件之間並沒有邏輯的必然關聯；因此，沒有一個當前發生或未來將發生的事件可以否定世界五分鐘前才開始的假設。
>
> ——伯特蘭·羅素
> （Bertrand Russell）

一個整體，而不會想到它是鋼鐵和空氣的混和物（請想想鐵屑有多麼柔軟）。當然，物質之間也存在真正的物理差異，這是由不同的原子和分子的排列組合所產生的。

Key Points

相信即存在 ....

「集體共識的實相」（Consensus reality）是一個術語，專門指涉某事或某情境，因為大多數人相信其存在，因而被視為真實。舉例來說，在一些現代及許多古老社會中，有足夠多的人相信上帝的存在，因而「上帝的存在」被視為共識實相。

約翰‧洛克將物體的屬性分為「主要」和「次要」屬性兩類。主要屬性意指物體本身的屬性，例如空間延展性、形狀、該物體是否會移動等等。次要屬性則是由我們對該物體的感官感知所生的屬性，例如顏色、重量，以及其所發出的聲音。

德國哲學家海德格則認為，我們對世界的理解總是與我們自身有關。他稱之為「此有」（Dasein，字面上的意思即為「在那裡」〔being there〕），將此描述為人類的狀態。我們的存在乃是根據我們所處的環境來定義，不可能將我們的個人意識與身處的環境分開。

在月球上行駛的車輛沒有聲音，因為不會產生空氣振動。聲音，需要運動中的物體、空氣，以及觀察者之間的相互作用。

量子彼界

量子物理學最著名的例子（或許是唯一著名的例子）就是薛丁格的（不幸）貓。在這個發明於 1935 年的思想實驗中，薛丁格（Erwin Schrödinger）建議我們想像一隻被關在盒子內的貓（請見下一頁的圖示）。盒中還有一個裝了毒藥的燒瓶、一些放射性物質，以及一個測量放射性的探測器。假設探測器發現了放射性衰變的證據，燒瓶就會自動破裂，而瓶內的毒藥將毒死貓。但若放射性衰變沒有發生，這隻貓就會繼續存活下去。

在盒子被打開之前，我們無從得知貓的狀態。根據量子理論，貓的狀態在盒子被打開之前甚至是無法確定的。在經由觀察確定貓的狀態之前，我們可以說牠既是死的，也是活的。

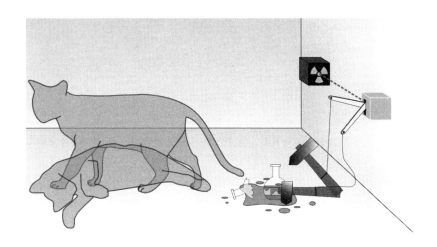

薛丁格發明這個實驗，是為了展示當量子理論從原子層面擴展到我們周圍的世界時，其某些方面是多麼荒謬——為什麼貓在其狀態被確定之前，同時是死的也是活的？而不是在知道狀態之前是死的，或活的？

和前述「樹」的問題一樣，重點在於「觀察者的存在」會如何影響我們所認為的現實。

空無存在嗎？

「無話可說即無有所得，」李爾王（King Lear）對女兒柯蒂莉亞如此說道（譯按：出自莎翁名劇《李爾王》對白，李爾王要三位女兒說出對他的愛意，才能得到江山），但看來一切都是從無到有——不論宇宙的起源是來自上帝或大爆炸。

「形而上學」（metaphysics）的一個關鍵問題是，為什麼一定要有事物存在而非全然一切皆空（假如確實有的話）。所有的事物大多都是虛無，而唯有其他事物存在，此處的「虛無」才顯得有意義。空虛或真空只存在於定義面，因為別處有某種事物存在。

事實上，空無一物比我們想像中要多得多。每個原子內都有99.999999999999％的空白空間。這意味著，假如一個原子中所有的「物質」都擠在一起而毫無任何空隙，

那麼該原子原本所占的空間會是擠壓後的1,014倍。這很難想像，同時也意味著：直徑140萬公里的太陽將可被壓縮到0.015毫米，即14微米。這大約是黑洞密度的一百萬倍。

換句話說，在我們認為是物質的事物中，空無一物比有東西多出100,000,000,000,000倍。而在太空中，甚至更多的是什麼都沒有。正是空無一物的存在（粒子內部和粒子彼此之間的空間），才使得我們的世界成為可能。

為什麼一定要有事物存在，而非全然一切皆空？ **Key Points**

「原動力」（prime mover）經常被用來解釋宇宙的存在，藉由此一原動力，萬物從無到有。許多神話和宗教都有其原動力。科學認為大爆炸是宇宙最有可能的原動力。無論是神話或科學，在這兩種情況下，「過去是什麼」的問題都顯得毫無意義，就如同提出「北極以北是什麼」的問題一樣，毫無意義。

知識與天賦是本來就存在於我們身上的嗎？

你有想過我們從小到大是如何「知道」事物的嗎？而你又有幾分把握——自己「確實知道」這些事物呢？

「知識的取得」有一段成敗參半的歷史。在猶太教和基督教共有的傳統中，吃下善惡知識樹的果實導致了人類的墮落。在中世紀傳說中，浮士德（Faust）將靈魂賣給了魔鬼，以換取對巫術的理解及其所賦予的力量。但是，若沒有一個可以便宜行事的蘋果或魔鬼，我們大多數人是如何獲取知識的呢？

空白畫布

　　新生嬰兒很快就能取得大量知識。亞里斯多德首倡嬰兒生來就具有空白的心智頭腦，或形容他們是「仍未抄寫的寫字板」（unscribed tablet），而後經驗會在上頭寫下知識。大約一千三百年後，波斯哲學家伊本·西納（Ibn Sina，或稱阿維森納）使用了「白板」（tabula rasa）這個詞彙，用以解釋：「人類的智力在初生嬰兒時就像一張白板，是一種純粹的潛力，經由教育予以實現，並逐漸了解知識。」

　　嬰兒必須經由學習才會爬行，接著是走路、說話，與他人交流。神經病學家有辦法證明，嬰兒的大腦是如

> 假如我們仔細留意新生兒，我們實在沒什麼理由認為他們為這個世界帶來了多少思想……〔但是〕之後，想法會逐漸進入他們的頭腦。
>
> ——約翰·洛克

何生成神經元以及彼此之間的連接，因此，在完成特定的身體發育階段之前，嬰兒是無法在生理上學習某些技能的。但這是否證明了嬰兒是在無知的狀態下學習這些技能的呢？

柏拉圖與知識淵博的靈魂

柏拉圖不這麼認為。他相信人的靈魂早已存在，且透過分配來到各個人體。靈魂天生具有知識和理解力，以其非肉身的型態，能自由進入理形界。一旦靈魂進駐一個人的思想和身體裡，這種純然的理解力便會隱藏起來。

根據柏拉圖的理論，當我們學習時，我們是在發現早已存在（或與生俱來）的知識。不出所料，這種論點被稱為「天賦論」（innatism）。這就像是靈魂被放進一個玻璃隔間，裡面的窗戶全都蒙上霧氣，而靈魂必須把窗戶擦乾淨，才能看清原先在外所看到的世界。即便如此，靈魂也只能透過一層模糊的玻璃觀看事物，而不能看到事物真實的本質。因此，嬰兒的靈魂裡藏有許多知識，但若缺乏推動與激勵便無從取得。

柏拉圖試圖藉由呈現蘇格拉底如何在一個奴隸身上「發現」知識來證明這一點。一開始，奴隸似乎對一個幾

何公式毫無所知。藉由提問，蘇格拉底最終讓奴隸能說出此一公式，因此，柏拉圖聲稱，該名奴隸自始至終都知道這個公式，只是需要他人幫助才能揭露。當然，這種證明是謬誤的。蘇格拉底的提問乃是經由理性論證，引導奴隸做出正確的結論。

之後的天賦論者主張，上帝為靈魂提供了一種知識的入門組合包。公定假設為天生的觀念包括：上帝的存在（笛卡兒）、數學事實，例如 $1 + 1 = 2$（萊布尼茲〔Gottfried Leibniz〕），以及判定對與錯的倫理真理（康德）。如果道德知識是與生俱來的，那麼它必須兼具絕對與不變的特性，以便在任何時間、任何地點對所有人來說都是一樣的好或壞（請見第 16 章）。在某些情況下，人們可能不會意識到內在真理的存在，但這純粹是因為真理沒有被喚醒，而非不存在。一個小小的推動或提示便能使之浮出水面。

> （靈魂）是被束縛在身體裡、一個名符其實的囚犯……它不是親自去調查現實，而是被迫透過監獄的鐵柵欄，費力查看現實。
>
> ——柏拉圖

理性主義者和經驗主義者

無論知識是來自靈魂的天生具備，還是必須藉由每一次新的生命重新取得，知識都有兩個可能的主要來源。

我們可以運用理性論證來取得知識，也可以經由感官獲得。諸如柏拉圖和笛卡兒等哲學家，相信人們可以透過運用理性辯證的方式來獲得知識，因而被稱為「理性主義者」（rationalist）。而諸如亞里斯多德和約翰·洛克等哲學家，則相信我們的感官是唯一可靠的知識來源，故被稱為「經驗主義者」（empiricist）。經驗主義者傾向於採用「白板」的觀點，認為嬰兒需要體驗世界才能學習。理性主義者則相信人類天生具有知識，或者至少有天生的結構來獲取或建構知識。

蘇格蘭哲學家休謨（David Hume）將經驗主義觀點運用到極致，他拒絕承認自己無法直接體驗到的所有事物的確定性。這使得他否定了上帝的存在，否定了一切因果關係，否定了所有經由理性論證而得到的知識，甚至最終否定了他自己的身分。他唯一能確認的，就是

約翰·洛克

他能感知事物。他不能確定這些感知是否與任何真實的事物有關。「我不過是由一堆感知組合而成。」他如此總結。

我們什麼都不知道

懷疑論者是一群西元前三世紀、主張我們無法確認任何事的哲學家。由於我們對於物質世界的認識，乃是經由我們不完善的感官而來，因而不能盡信。這是因為我們永遠不知道自己所見的是完整的畫面，抑或是扭曲的觀點。假設我們看到圍繞於四周的樹，我們無從得知自己是身在一座廣闊的森林，還是一個小灌木林。如果我們看到眼前有水流淌而過，它可能是一條寬闊的河流，也可能是一片巨大的汪洋。

懷疑論者認為，他們的主張有助於人們保持冷靜和無所謂的態度，因而能使大家過著更無壓力的生活。假如我們不需偽稱知道所有事情的好與壞，我們就不會對其存有渴望，不會為其消失而悲傷，也不會害怕有所失去。我們對於人生的高低起伏可以處之泰然。換句話說：無知便是福。

你能相信你的雙眼嗎？

我們對於眼見事物的顏色多半都很確定，除非你是色盲。假設你穿著一件紅色套衫。我們稱之為「紅色」的特性，意味著「反射（或散發）紅光——它是一種波長約為650奈米的電磁輻射」。

雖然每個人或許都同意你的套衫是紅色的，但我無從得知「自己看到的」，是否和「你看到的」完全相同。也就

是說，我們對紅色的體驗可能非常不同，但我們永遠不會知道。

紅移 ⋯⋯⋯⋯⋯⋯

　　不只是我們的感知能扭曲現實，物理學也能解釋這個現象。當一個物體遠離你時，到達你的光的波長變長，移向光譜的紅端。這是「都卜勒效應」（Doppler effect）的結果。

　　這個效應指的是一輛超速行駛的車輛，當它靠近我們時，發出的噪音較為尖銳，待遠離我們之後的聲音則感覺較低沉。當宇宙擴張時，紅移（redshift）使得遠離我們的恆星看起來比實際上更紅；也就是說，比它們實際發出的光更紅。

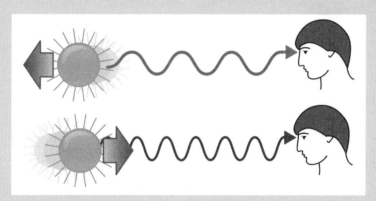

如果恆星相對於我們是靜止的，它看起來會是白色的。如果恆星遠離我們，看起來則是紅色的。如果它朝向我們移動，看起來會是藍色的。

康德斷言，我們只能經由感官知覺來認識世界，且無從得知我們所擁有的印象怎麼與事物如何（或是否）存在聯繫起來。他指出，假如我們窮盡一生的時間透過扭曲的鏡頭來看世界，我們永遠不會知道「我們以為自己所看到的」不是現實。

有趣的是，如果人們戴上眼鏡後看到的景象是相反的，幾天後大腦便會適應這種扭曲，他們就能正確看待事物。我們看到我們所期望看到的事物——我們無從知道這是否與現實有關，或甚至這句話是否有任何意義。

宗教信仰

知識的另一種可能來源是神的啟示，或受信仰蒙恩而有所理解。神學家聖奧古斯丁（St. Augustine）相信，唯有藉由上帝的恩典才能獲得全然的理解。他相信《聖經》中的一句話：「你們若是不信，定然不能立穩。」（出自《以賽亞書7：9》）

當然，這類伴隨信仰而來的知識是不容易被理解證明的，其可靠性將是那些沒有共同信仰的人存疑之處。

先天論：與生俱來的知識

康德提出，嬰兒對物體的認知是先天的，不需依賴關於理形界模糊記憶的受限知識。康德的解釋靠的是他那套相當複雜、指涉所有物體的「範疇」（category）。近來關於先天論的描述（亦即我們以某種方式為知識預作準備）較容易理解，也更為具體。

對心理學感興趣的現代哲學家，例如：喬姆斯基（Noam Chomsky）和福多（Jerry Fodor），他們都主張「大腦的結構」決定了以某種方式接受或建構知識。這並不是說嬰兒早已知道某些事物，而是嬰兒已經知道「如何知道」事物。這就像是預先格式化的硬碟——它具有為接收數據而設置的所有結構，它只需要被填充數據。

喬姆斯基指出語言結構中潛在的相似性，以支持他的觀點，亦即語言學習是大腦預先便已準備好的；只不過，還有其他類型的知識需要在早期獲得。有些兒童從未學會說話、直立行走、吃熟食或穿衣服，這乃是因為他們從嬰兒期開始便缺乏人類的陪伴。喬姆斯基認為道德結構或許也是如此。不同文化中存在非常相似的道德價值觀，得以證實此一觀點（儘管這也可以解釋為使公共生活能順利進行的價值觀）。

喬姆斯基懷疑，大腦的結構甚至可能會限制我們所能知道的東西。有些問題超出理解範圍，或許是因為大腦結構不允許我們理解這些問題的答案，就如同人眼不能看到紅外線，耳朵不能聽到極低頻的聲音一樣。喬姆斯基認為某一些哲學問題也可以歸為此一範疇。

天生自然與後天養育

關於我們是天生如此（先天或遺傳特徵）或是後天養成（環境及教養）的討論，聚焦在知識是來自「白板」或「先天」的爭辯。這樣的爭辯擴展到社會對話（social dialogue）的所有領域。同性戀是生來如此，還是後天變成？有些罪犯是天生就有犯罪傾向，還是由於父母、學校教育和社會環境所造成？

採取白板觀點的人會說，我們所有的一切都來自於後天養育。先天論者則認為，在很大程度上，遠在我們出生之前一切就已經決定。先天論的死忠擁護者可能會導致危險的政治政策，包括優生學——亦即試圖藉由限制基因庫來培育或消除某些特徵，這可透過限制誰可以有孩子，以及生育的對象來達成。

Chapter 4

我們如何辨別世界上的萬事萬物並加以分類？

人類對於「分類」這件事的喜好可謂無窮無盡，
但分類究竟是反映了現實中的分配，還是它創造
的是「人工」的類別？

佳發蛋糕（Jaffa Cakes）有著海綿似的鬆軟基底、一團橙色黏稠物，上面則裹有厚厚一層巧克力。但這些成分是否就能使之成為蛋糕或餅乾呢？1991年，佳發蛋糕製造商麥維他（McVities）與「英國海關與稅務總署」針對這個問題發生爭執——塗有巧克力的餅乾需要徵收增值稅，但是蛋糕不論有沒有添加巧克力，都不會被徵收增值稅——佳發蛋糕因其外型而被政府視為是「餅乾」的一種。

我們如何分類事物？

　　人類對分類事物的愛好是無窮盡的。我們會將所有的東西進行分類，甚至包括餅乾和蛋糕。但是，分類究竟是反映了現實中的分配，還是它創造的是「人工」的類別？

　　亞里斯多德早在兩千三百年前就嘗試過正式的分類。他自認為是在確認那些真正劃分事物的範疇，由此使之成為「實在論者」（至於那些認為分類完全是強加在被分類事物的人，則是「概念主義者」〔conceptualist〕）。亞里斯多德列出了可用來區分實物（或者可能是詞語——我們不能確定他說的是詞語，還是詞語所指涉的事物）的十個最高範疇，分別如下：**1. 實體**（如人，或馬）；**2. 數量**；**3. 性質**（如白色）；**4. 關係**（如一半、兩倍）；**5. 地點**；**6. 時間**；

7.姿態（如坐著）；8.狀況（如戴帽子）；9.活動；10.遭受（如被削減）。這比其他任何列表所顯示的都要複雜得多。此處區分的要點在於，一件事物不能同時也是「另一項事物」。例如：數量不是一種實體或一個地方。

亞里斯多德並未定義所謂的「頂級」（top）範疇，因為分類就是為事物劃分界線，從邏輯上來說，假如所有事物都在頂級範疇之內，那麼在頂級範疇之外就什麼都沒有了。然而，上述十大範疇包含多項子範疇。藉由範疇系統，我們能夠向上或向下來納入更多或更少的例子。例如，若我們現有一個「狗」的範疇，我們可往下移動到更特定的「大麥町」範疇，或是往上移動到更廣泛的「陸上哺乳類動物」範疇。分類這項舉措需要調查事物，看看哪些是這些事物的共同特徵，而哪些又是與其他事物的不同之處。

確定性——先決定哪些是必要及充足的屬性

為了能夠適當分類與定義，我們必須找到必要及充足的屬性，好將事物歸入某一組，而非其他組。傳統的分類方法提供足夠的範疇，來對所有東西分門別類。範疇之間必須是互不相容的——如果某物是鳥，牠就不能是魚；如果是摩托車，就不可能是汽車。

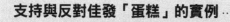

支持與反對佳發「蛋糕」的實例

為了做出決定，法院仔細審議以下各點：

- 名稱包含「蛋糕」一詞。
- 佳發蛋糕是由雞蛋、麵粉和糖混合而成，在烘培過程中會膨脹且具空氣感，就像真正的蛋糕一樣。佳發蛋糕的麵糊薄，像蛋糕麵糊一樣，而不像餅乾麵糊那麼厚。
- 蛋糕既軟又柔韌；餅乾則是既硬且脆。佳發蛋糕並不脆，質地像是海綿蛋糕。
- 當佳發蛋糕走味、不新鮮時，會像蛋糕一樣變硬。但一般的餅乾變質時，則是變軟。
- 佳發蛋糕的海綿基底是其體積的重要部分。
- 佳發蛋糕很小，就像餅乾一樣。對真正的蛋糕來說略嫌小了一點。
- 佳發蛋糕的外包裝看起來更像餅乾而非蛋糕。
- 佳發蛋糕通常與餅乾一起販售，而非蛋糕。
- 佳發蛋糕是一種可用手拿著吃的點心。蛋糕則通常需要使用叉子食用。

法院最後裁定，佳發蛋糕有足夠的特點可視為是「蛋糕」，因而可免徵增值稅。

動物還是植物？

史上首次對生物進行大規模、系統性的分類，始於十八世紀的瑞典博物學家卡爾·林奈。他從可見的特徵著手，試圖建立生物體之間的關係，並將人們熟悉的生物體劃分為界、綱、目、屬和種。他所著的《自然系統》

卡爾·林奈（Carl Linnaeus）

（*Systema Naturae*）於1735年首次出版，只有短短十二頁。第十二版由林奈監修，頁數爆增到二千四百頁，完成於1768年。

今日，親緣關係學（phylogenetics）採用了一種不同的方法，從生物體的DNA著手建立「演化支」（clades）——根據生物體在其進化之路上是否與最後一個已知的祖先有一個或多個特徵，來為後代進行分組。

其目的是找出所有生物是如何從其他生物進化而來，這是整個自然界一個巨大的家系圖。

這並不簡單，通常為生物分類的方法不只一種，端視你觀察的特徵而定。

模糊不清的老虎

美國當代哲學家克里普克（Saul Kripke）及普特南（Hilary Putnam）曾嘗試藉由引用事物固有的必要屬性來定義範疇，相當於洛克的主要屬性（請見第2章）。

如果我們試圖定義一隻老虎，我們或許會說牠身上有斑紋及四條腿。雖然這些是老虎的一般特徵，但並非必要屬性，因為老虎可能患有白化病，或者可能失去了一條腿，但牠仍然是老虎。

為了更精確定義老虎，我們可以說牠必須要有老虎的DNA。沒有老虎DNA的東西不可能是老虎，因此「老虎DNA」是一種必要屬性。然而，擁有老虎的DNA並不足以識別老虎——失去的一條腿與斑紋（或白化病）皮毛上頭也會有老虎的DNA，但這些東西不能被稱為老虎。

也許我們可以這樣定義老虎：牠是一個有著老虎DNA的完整活生物體。但如果是一隻懷孕、即將分娩的老虎呢？牠是一個自主的身體，但可能有三到四隻老虎。人體內的微生物細胞比人體細胞還多，想必老虎也是如此。因此，在老虎身上，非老虎的數量比老虎的數量還多，但我們並非意指那些棲息在有著老虎DNA結構的微生物群落為老虎。我們是有選擇性地看待事物，並為之進行分類。

不確定性

　　範疇之間的界線鮮少明確。英國托缽會修士奧坎（William of Ockham）堅稱，所有的範疇（甚至像「人」或「樹」這樣的標籤）都是我們為了幫助自己思考這個世界而強加於現實的結構。奧地利哲學暨物理學家馬赫（Ernst Mach）則認為，即便是我們宣稱發現的自然法則或物理學定律，也不過是人類的思維產物，試圖將秩序強加在我們的周圍環境。這些定律並不是「真實的」──它們只是我們在任何特定情況下都能想到的最佳解釋。

花和雜草在生物學上並無區別。你可以說「花」是一種能取悅人類的植物。住家或公園草坪上的雛菊或蒲公英究竟是花還是草？難道雜草只是落在「錯誤地方」的植物嗎？

如何「更正確」的分類？

「親緣關係學」是對生物進行分類的一種方法，對生物學家來說非常有用。但從本質上來說，這種方法是否比根據顏色、大小或兇猛程度來分類更有效呢？科學家會說，這種關係是固有的——也就是一種動物確實透過進化產生了另一種動物，我們只需要發現正確的關係。

藝術家可能會把一些種類的烏龜和一些種類的貓分類在一起，因為牠們有著相似的圖案。或許這也告訴了我們一些關於動物的有用訊息。也許牠們都是出於同樣的原因（比如需要偽裝）才發展出這種圖案的。又或許美好事物中有某種重要的東西。我們現在優先考慮科學，但這並不意味著科學提供了一種客觀上比其他任何方式都「更好」或「更正確」的分類方法。

Chapter 5

為什麼你要選擇這麼做而不那樣做？

該選擇茶還是咖啡呢？你以為這個選擇可以展現你的自由意志嗎？究竟是你選擇成為你自己，還是你的存在早已命中注定？

你相信你的人生可以自由選擇自己想做的事情嗎？或者冥冥之中早已注定？就連當你享用蛋糕時要搭配茶或咖啡的問題也都早已注定。

自由意志和決定論

相信一切都是上天安排或預先決定好的，稱為「決定論」（determinism）。決定論來自宗教或精神層面，也可能出自科學。決定論的反面是自由意志，亦即我們可以完全自由地選擇自己的行動。因為我們不知道未來將會發生什麼事，即使是注定的，我們的感覺和行動也都讓我們看似有自由意志。事實上，自由意志的幻覺似乎是不可少的，否則我們將會被嚇得不知所措，因為我們所做的任何事情都不可能對未來的發展產生任何影響——我們會因此覺得所有的行動都是毫無意義的。

> 經驗明白告訴我們，人們相信自己是自由的，只因為他們能清楚意識到自己的行為，而對這些行為是由什麼原因決定的卻一無所悉。
>
> ——巴魯赫·斯賓諾莎
> （Baruch Spinoza）

在古希臘和羅馬，人們懇求神諭出現以揭示未來，或給予自己應該如何行動的指引。這表明人們相信「未來」已受到事先詳細的規劃，但並非不可逆轉；似乎某些事情

的發生有高度的可能性，但個人仍然可以在某種程度上進行干預。如果人們不相信這一點，那就沒有必要向上天要求異象和尋求指引。而如今，我們可以看到一個類似的情況：假設一個人知道自己有罹患心臟病的遺傳傾向，那麼他就會採取健康的生活方式，以減少患病的風險。

然而，如同古希臘《伊底帕斯王》（*Oedipus*）這樣的悲劇故事（主角無法逃脫弒父娶母的命運），表明人類淪為在命運之鉤上扭動的蠕蟲，絲毫不能改變自己的命運。

假如無法逃脫命運，那麼知道命運又有何用呢？伊底帕斯王是一個悲劇和英雄人物，因為他努力掙脫自己的命運。我們同情他的可怕處境，欽佩他為避免自己的命運所做的努力。他的反應顯示出他偉大的精神，因為儘管困難重重，他仍試圖做正確的事。發生的事情或許不可避免，但是他有能力決定自己是誰，這一點在他的行事表現中足以顯現。

但這全是真的嗎？假如一切都是命定的，也許伊底帕斯王的徒勞掙扎也是注定的。或者也可能存在一種折衷方式：我們就像一列無法偏離軌道的火車，但我們可以藉由速度的快慢來左右自己的進程，也可以選擇要運輸貨物或者載運乘客。

觸犯戒律的自由意志？

在一種認為有些人會得救，而其他人會被詛咒的宗教背景下，「自由意志」的議題非常重要。畢竟，如果你的命運早已安排好了，那麼遵守這些規則又有什麼意義呢？不會有任何區別的。

喀爾文主義（Calvinism，基督教的一個分支，源自約翰・喀爾文〔John Calvin〕的教義），便是採取上述立場。該主義聲明每個人的「得救／未能得救」狀態都是預先決定的。這就是揀選的教義。每個人與生俱來都是罪孽深重的，唯有透過上帝的恩典才能獲得救贖。上帝已經從永恆中揀選了某些人，而我們對於自己的命運無能為力。

成為上帝選民之一並不取決於個人的行為或思想，而是由只有上帝才知道的標準來決定。伊斯蘭教也有相同的悖論：只有那些轉向阿拉真主的人才會受到指引，但阿拉真主會選擇轉向祂的對象。

看起來，如果上帝揀選了選民，而他們因此永遠都是選民，代表他們也可以放縱自己——畢竟，這不會有任何區別。

看見或預見？

　　有神論的宗教，例如基督教，崇拜全知的上帝。如果上帝能看到即將發生什麼，這是否意味著我們不能隨心所欲地自由行動？因為我們所有的行動都已事先受到決定。畢竟，如果上帝知道你要吃佳發蛋糕，你能避免做這件事嗎？

　　簡單的回答是：「是的，你可以！」——上帝知道這一點，但不會下令。如果你改變主意，不吃佳發蛋糕，上帝也會看到這一點。

　　哲學家波愛修斯（Boethius）解釋了「預定」（predestination）和「預知」（foreseeing）之間的區別：因為上帝存在於時間之外，祂可以在永恆的當下看到一切。祂的看見不會導致事物的發生，就如同旭日不會導致那些事件一樣。神也能看見事情的發生是出於必要，還是出於自由的選擇。太陽升起是必要的：這件事必須這麼做，遵循物理定律，沒有任何選擇餘地。但是一個行人選擇了行走，你只能看到他們行走，因為他們自由地選擇了這樣做。

　　然而，有些神所能做的比所能預見的還要多。穆斯林相信一切都是阿拉真主的旨意——換句話說，所有事情都是預定的。這意味著你不必特別小心：如果阿拉想讓你再活一天，你會沒事的；但如果你的時間到了，即便戴上安全帽和繫上安全帶也無濟於事。

對喀爾文主義者來說，聖靈「仁慈地使蒙揀選的罪人合作、相信、悔改，自由且自願地歸向基督」。酗酒、賭博和淫亂是不蒙揀選的標誌信號，因此信徒們必須保持正直坦蕩。這是一個奇怪的情況——喀爾文主義者遵循這些規則，是為了證明一些已經發生的事情（亦即上帝揀選他們是為了救贖）。

物理學與自由意志

現代物理學認為，物理定律支配宇宙發生的所有一切，而物理定律（很可能）不會隨時間而改變。這意味著，即使在次原子的層面上，每一個行為和反應都是可預測且必然發生的。但實際上大多數時候我們不能做預測，因為我們擁有的知識不夠完備，計算能力也不夠充足，但物理的必然性依然存在。回溯過往，大爆炸以來發生的一切都是不可避免的。假如我們讓過去的一百三十八億年重新來過，同樣的事情會再次發生。

在物理主義學派的宇宙中，你我不過是物質——就像其他物質一樣——我們的思想和意圖都是大腦化學變化的結果。我們所想所做，以及企圖做的每件事都必須遵循物理定律，且是不可避免的。這種物理決定論剝奪了人類的

自由意志。唯有透過一些不受科學規律支配的非物質、有生命的靈體，才能讓我們恢復自由意志（請見第6章）。

自由和混亂無序

混沌理論（Chaos theory）研究的是對起動條件（starting conditions）敏感的系統動力學，亦即一開始的微小變化可能會在之後產生巨大影響。雖然結果受物理定律支配，因此在理論上是可預測的，但由於條件和計算太過複雜，以致無法實際做出預測。

天氣是混沌系統的一個絕佳例子：有如此多的變數需要考慮，因此一個準確的長期天氣預報實際上是不可能的，即使這在理論上是可行的——蝴蝶拍打翅膀有可能引起幾千公里之外的一場風暴，便足以說明了這一點。

由於混沌理論依賴改變起動條件所帶來的影響，所以它假設在任何時點上都存在不只一種可能的狀態。蝴蝶可能拍打翅膀，也可能不會——這種有選擇的概念正說明了：一切都不是預先決定的。另一方面，假如所有未來的事件都是由每一個小選擇所決定，那麼自由意志又在哪裡呢？答案之一是假設有

> 所有的物理事件都是由之前所有事件的總和所引起或決定的。
>
> ——丹尼爾・丹尼特（Daniel Dennett）

多個宇宙，每一個不同版本的宇宙是為了所有可能的選擇或事物而存在，新的宇宙會在無限的點上分叉出去。比方說，每當你選擇茶或咖啡；早起或晚起；選擇 A 禮物而非 B 禮物，都能形成不同的宇宙。

蝴蝶拍打翅膀可以影響遙遠的天氣系統的這個想法，經常被用來解釋混沌理論：一切都是極其複雜系統的一部分。

你的大腦在做什麼？

2008 年在德國馬克思・普朗克研究所（Max Planck Institute）進行的一項神經學實驗，讓我們對自由意志議題

有了嶄新且驚人的認識。研究人員使用核磁共振掃描儀來測量受試者的大腦活動，這些受試者正在選擇是用左手還是右手按按鈕。透過觀察大腦活動，神經科學家發現，他們可以在受試者自認為已經做出決定的七秒鐘之前，預測出受試者將要做出的選擇。他們表示，這證明了我們之所以有選擇的感覺，無非是潛意識過程所帶來的副產品罷了。換句話說，我們沒有自由意志，但大腦欺騙我們，讓我們自認為有自由意志。

非常重要的蝴蝶 ··········· **Key Points**

在科幻大師雷・布萊伯利（Ray Bradbury）寫於1952年的短篇小說《雷霆萬鈞》（*A Sound of Thunder*，2005年上映的同名電影《雷霆萬鈞》即改編於此）中，一位參觀恐龍時代的時間旅行者無意間踩到了一隻蝴蝶。回到現代社會後，他才發現由於自己誤殺了一隻蝴蝶，歷史的進程因此被不可預見的方式給打亂了。

正如同哲學家斯賓諾莎在三百五十年前所說，「人們相信自己是自由的，只因為他們能清楚意識到自己的行為，而不知道這些行為是由什麼原因決定的」。

其他的約束限制

假設我們相信自己可以自由行動，因為我們的命運還沒有被神或物理定律不可逆轉地詳細規劃出來，即便如此，我們仍有一些約束。

我們可以在許多方面被剝奪選擇的自由。在監獄裡服刑的人選擇受限。半身不遂者的選擇受限。一個生活極度貧困者的選擇受限。我們可以更進一步，認為那些年輕時沒有良好機會或受教機會的人選擇受限，或者那些被霸凌的人或被專制政權洗腦的人選擇受限……那麼在什麼情況下，我們會說「作用在人身上的力量」導致自由意志的喪失呢？

假如一個人無論是因為大腦的化學反應還是神的旨意，注定要落實某些行為，我們能持平地讓他們對自己的行為負責嗎？或者「選擇」只是我們大腦產生的一種幻覺？如果某人做出的行為是不可避免的、超出了他的控制範圍，我們還能對他施以懲罰嗎？

自由意志與決定論之間的妥協

　　當然，若沒有了自由意志，我們也就無法生活。為了讓社會正常運作，我們必須堅信我們有行動的自由。法院認為人們一般而言都是可以自由行動的，且會對自己的行為負責。他們不會停下來研究「人們是否可以自由做選擇」這類形而上的問題。

　　從歷史證據來看，我們可以得知，若人們看到獎勵和懲罰準備就緒，他們的行為會有所改善。但是，當然，這也可能是他們注定要這樣做……

　　某些哲學家試圖在自由意志／決定論的爭論中爭取一些迴旋空間。正如丹尼特所指出的，假如我們屈服於決定論，便會驟然轉向宿命論和絕望。一種被稱為「相容主義」（compatibilism）的妥協立場應運而生，試圖為我們的自由意志留有足夠的空間。

　　相容主義相信人們能自由行動，但會遵循堅定的動機——因此，假如你是一個慷慨的人，你可以自由選擇捐獻給哪個慈善機構，但你將會捐給其中之一。正如同叔本華（Arthur Schopenhauer）所言：「人雖然能夠做他所想做的，但不能要他所想要的。」

　　只不過，也有某些人認為這種迴旋餘地是虛幻的，甚

至更糟。康德稱之為「卑劣的託辭」（wretched subterfuge），威廉‧詹姆斯（William James）則稱之為「逃避的泥潭」（quagmire of evasion）。

太多自由

二十世紀存在主義哲學家持完全相反的看法，他們認為，賦予人們更多的自由和責任，遠多於我們大多數人

沙特（Jean-Paul Sartre）

想要的。用法國哲學家沙特的話來說，我們「注定是自由的」。

沙特認為，我們的行為決定了我們的性格，而非性格決定行為。我們造就自己，重「新」開始。沙特並不認為所有人都有相同的選擇，而是認為我們擁有的選擇是自由做出的，即使是在脅迫下做出的選擇。

我們不能說「我別無選擇」，因為總有一個選擇，即便其中一個選擇對我們來說是無法接受的。例如，寧願死亡也不願向槍手低頭。沒有什麼可以歸咎於上帝（上帝並不存在——儘管我們可以選擇相信祂存在），也沒有什麼可以歸咎於我們性格中的任何傾向，因為我們是經由先前所做的決定而形成了這些性格。

逃避「選擇」的責任，無異是自欺。

> 人的命運是掌握在自己手中。
>
> ——沙特

你的靈魂或意識是怎麼控制你的身體的？

假設每個人的身體裡都依附著一個靈魂，那麼在這部複雜的生物機器之中，哪一個部分才是真實的你呢？

長久以來，世界上大多數文化都認為，人類本質上就是擁有一個由某種靈（spirit）居住的軀體。可能是一種具有特殊宗教意義的靈——例如一種神性的碎片或某種宇宙靈性。也可能是某種更接近心智或意識的東西，沒有超自然的元素。靈可以是永恆的，也或許會在身體死亡時消散，甚至像幽靈一樣在太空徘徊。另一種可能是，這個假設是錯誤的，或許根本沒有特殊的活靈存在。

> 我呈現在我的身體上，不僅像一位水手呈現在他的船上，而且……我與它緊密相連，可以說，與它交融在一起，以至於最後與它融為一體。
>
> ——笛卡兒，《沉思錄》（*Meditations on First Philosophy*, 1641）

分界線

柏拉圖認為，當靈魂附在一個身體裡時，它是暫時地被理形界放逐，其潛能也因而遭到束縛和限制。同樣地，對宗教而言，靈魂常常是身體的囚徒，嚮往美德或上帝，但卻被滿足身體物質渴望的低級衝動所拖累。身體與靈魂兩者之間的緊張態勢，是彼此之間關係的典型特徵，而靈魂永遠是高貴的一方。

受到啟蒙運動時期人們對力學和科學日益漸增的興趣的啟發，笛卡兒提出了「人體是一個由靈所控制的複雜生物機器」的觀點。該理論後來被稱為「機器裡的幽靈」

對人們來說，靈魂作為身體的囚徒是一個熟悉的比喻。在這幅拜占庭風格的鑲嵌畫中，靈魂的化身是一隻籠中鳥。

（ghost in the machine）。乍看之下，這似乎很直觀：我們知道部分的自己負責思考、夢想、希望、經歷，也感覺到這部分的自己與負責呼吸或跑步的自己是分開的。

這種將自己分離為兩部分（身體和靈性或心理）的主張被稱為「二元論」（dualism）。但這種直覺上的分離也存在問題。

心智與身體間的關係

很顯然，身體對心智或靈的影響很大。假使我們感到心煩意亂，反應在身體上的表現會是流淚或呼吸改變。假如我們受傷了，會感覺到疼痛，在心智上可能會把其他一切都拋在腦後。

我們把身體的動作分為有意識和無意識的行為，能區別出心臟輸送血液的「無意識動作」，以及擁抱孩子的「有意識選擇」兩者間的不同。雖然我們知道大腦和神經系統的哪個部分與輸送血液或擁抱有關，但我們不知道哪裡是我們想要擁抱孩子的部位。

笛卡兒認為自己已在脊椎動物腦中的「松果體」中發現靈。松果體是一個深埋在大腦深處的微小結構（請見右頁的圖解）。

他並不是第一個發現它的人 —— 古代中國人稱松果體為「天眼」（Celestial Eye）；在印度教中它是「梵天之窗」（window of Brahma）。

儘管如此，笛卡兒還是無法解釋，「完全非物質的靈魂是如何對物質的身體或世界產生影響」。這仍然是笛卡兒二元論的問題：以非物質形式存在的事物，如何能產生身體影響或受身體影響？

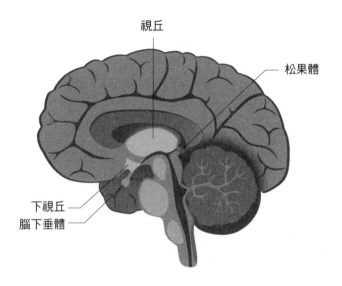

視丘

松果體

下視丘
腦下垂體

無靈魂論？

有些事情看起來合理，或者很多人相信，並不代表它一定屬實（請見第25章），因此，也許身體和靈魂之間並無區別。

二十世紀法國哲學家梅洛龐蒂（Maurice Merleau-Ponty）反對笛卡兒的身體／靈魂二分論。相反的，他將整個人類實體視為純粹的生物體，「我就是我的身體」。伯特蘭‧羅素也否認靈或靈魂的存在，羅素認為心智只是由記憶、思想和經驗等一系列的心理事件所組成。

英國哲學家吉爾伯特・萊爾（Gilbert Ryle）主張，我們之所以會有身心分離的感覺，是因為我們用來形容物質和精神的語言各有不同。

美國哲學家丹尼特則認為，性格、思想、個性和意識的所有方面都是神經學的結果，完全由大腦和身體的生物化學加以決定和創造。如果心智和身體之間毫無區別，也就說明了人類並沒有特別優於其他動物之處。丹尼特更進一步指出，生物根本沒有什麼特別之處——一台看似聰穎的電腦其實就是聰穎的。他在一部文字機器裡看到了一個幽靈（雖然這不是幽靈，而是人工製品）。

大腦是有意識的，正如同水是濕的一樣

美國哲學家希爾勒（John Searle）認為，意識是一種「突現性質」（emergent property）——當足夠多的神經元聚集在一起時會產生的東西。

突現性質是一種唯有當很多東西結合在一起時才能察覺到的現象。水的濕度是一種突現性質——單一的水分子並不濕，但水集合是濕的。同樣地，一個神經元可能沒有意識，但一組神經元則會產生「意識」。希爾勒認為，意識完全是一種物理效應，由大腦的神經化學產生，而不是

遙遠的神祕現象或「他者」使然。

意識從哪裡開始？

無論我們從神經學還是精神學的角度來看待意識，視之為人類的一部分，仍存在一個問題：意識從何而來？又從何時開始？對許多宗教而言，神話提供了解釋：靈魂會在出生前的某個時點進入身體。

正如我們所知，人類獲得了高水平的意識；但究竟在人類的發育過程中，靈魂是何時出現的呢？這個問題比乍看之下還要緊迫，因為任何理論上的答案都應該告訴我們：要如何對待胎兒，包括檢測、醫療程序，以及最顯而易見的，墮胎問題。

人類卵子受精三週後，胚胎的大腦和脊髓便開始發育。根據這一點，如果「意識」是神經活動的一種突現性質，那麼新的人類生命就能開始有意識。最早出生且存活的早產兒是在懷孕二十二週左右，所以這可能就為意識的發展設定了一個上限。

造成難題的不僅僅是人類個體的發展。如果一種靈或意識不是人類的，也非絕無僅有的，那麼在進化的過程中，它什麼時候會出現呢？必須要有多少神經元才能產生

意識呢？我們可以假設意識是有階段層次的。或許其他哺乳類動物也能感受到快樂或期待，但很少有人會想到這一點。比如，黑斑羚或短吻鱷在思索罪惡的本質，在思考是否有來生，或者在發展微分學（當然，我們沒有任何證據證明牠們沒有這麼做，請見第13章）。

擁有靈魂能拯救你的生命 .... **Key Points**

在許多社會中，意識帶來了權利與責任。在醫療照護中，病人有意識的證據足以使他能持續在人工幫助下存活。在某些司法管轄區，睡覺時犯罪的人被視為不需要對自己的行為負責。

在過去，「瘋狂」被認為是靈魂的失序或惡魔的存在。至於那些相反的情況（亦即當靈魂的存在過於強大而產生宗教狂熱時）則被認為是非常特殊的（儘管有時會被誤解）。如果精神疾病影響了一個人的判斷力，目前的法律慣例通常允許減輕其責任的要求。

Chapter 7

該如何去看待現在的你與過去的你？

所謂的「你」，是由基因還是目前從事的工作所界定的呢？身分與自我認同，難道不是一種穩定不變的事物嗎？

「妳（你）不是我娶的那個女人／嫁的那個男人！」這句話一直是所有失敗婚姻中伴侶的心聲。「他已不及過去的一半！」有時會用來形容一個因病消瘦的人，或是一名正在經歷中年衰退的人。我們還是以前的自己嗎？究竟我們「曾經」是誰？無論那個「曾經」到底指的是何時。我們所謂的「我」，到底是什麼？

忒修斯之船悖論

　　人體是由不同類型的細胞所組成。這些細胞不會像你所期望的那般百年不朽——它們會磨損，接著被替換，其中一些更換次數還非常頻繁。

　　事實上，人體每一秒都會失去數百萬個細胞。腸道內的細胞在酸性環境中遭受嚴重的破壞，持續不斷地被半消化的食物轟炸：一個結腸細胞只能存活四天左右。腸道外的細胞遠離酸性物質，因而可以存活十六年之久。

　　而有些細胞一旦消失，就永遠消失了，例如大腦大部分區域的神經元是永遠不會再被替換的，因此，在飲酒狂歡時殺死它們並不是一個好主意。但這些不會被替換的細胞都是罕見的例外——你身上的所有部分，很少是你出生時的「你」。

西元一世紀的希臘作家蒲魯塔克（Plutarch），藉由「忒修斯之船」（Theseus's ship）的悖論來討論變化和永恆的問題。隨著這艘船上的部件逐漸磨損，它們隨之被替換成相同的新部件。例如船桅斷了，就裝一根新的船桅；或是船帆破了，就得縫上新帆等等。最終，這艘船原本的部件都沒能留下。如此一來，它還是原來的那艘船嗎？

如果有人用上述所有遭替換的部件造出了第二艘船，現在第一艘船是新的，且功能齊全，我們永遠也不會認為第二艘船和第一艘船是一樣的（共存的）。兩件事不可能是同一件事。不知何故，部件的緩慢替換過程，使得這個問題變得有意義。如果修繕後的船與原來的船並非是同一艘，那麼在什麼時間點開始，它就不再是原本的船了？

心智與時間

我們通常都不會視自己是一種由細胞組成的身體組織之集合。大多數人都認為自己的「身分」是一種含糊不清的、靈性的，與意識甚至靈魂有關的東西（請見第6章）——也就是一種「自我」的東西。

英國哲學家約翰・洛克將身分完全定位在「思維」的心智層次，如此能經過時間的歷練，並能意識到自身的存

在。他認為，新生嬰兒的心靈是一塊白板，身分和知識則是在孩子的成長過程中、在白板上由經驗寫就的（請見第3章）。

這似乎說得通，因為我們可以想像，即使發生可怕的事故，使得只能以某種方式在只剩一個大腦（或思維）、而身體其餘部分全為「義體」的情況中倖存下來，我們仍然會以同樣的「自我」存在。

但蘇格蘭哲學家托馬斯・里德（Thomas Reid）認為洛克的說法過於簡單。他主張，假如我們的身分根植於過去的經驗，當我們忘記過去時，會發生什麼事呢？里德發展出「勇敢軍官」的論據來證明他的觀點：

「假設一位勇敢的軍官，當他還是學生時，曾因偷竊果園的蘋果而在學校遭到鞭打懲戒；後來在服役參與的首場戰事中他成功偷取敵人的旗幟，晚年被立為將軍；又假設（雖然這很有可能是真的），當他服役的時候，他意識到自己曾在學校裡挨過一頓鞭打；當他被封為將軍時，他意識到自己曾偷取過敵人的旗幟，但卻完全沒有童年時受罰的意識。」

> （自我）是一種有意識的思維之物（無論它是屬靈還是物質，簡單抑或複合，都無關緊要），它是有覺察力的，或能意識到快樂和痛苦，有辦法帶來幸福或悲慘，只要這種意識延伸，它就會關注自身。
>
> ——約翰・洛克

根據洛克的觀點，將軍和勇敢的軍官必須是同一個人，而勇敢的軍官也必須和男孩是同一個人，因為男孩和軍官是透過意識的連續性聯繫在一起，軍官和將軍也是如此。但由於將軍和男孩之間沒有心理上的聯繫，他們因此不是同一個人。

里德的論點顯示出洛克的定義中一個固有的矛盾，因為將軍和那個在學校被鞭

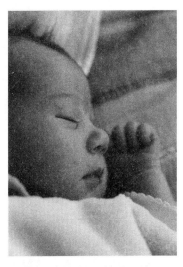

主張初生嬰兒的心智是一塊白板，教育和身分稍後能書寫其上，這一點可追溯到古希臘的亞里斯多德。

打的男孩既是同一個人，但又不是同一個人。

二十世紀的存在主義哲學家認為，「自我」是一個持續發展的過程，不斷被它的行為所定義和重新定義。這與心理學的理論相呼應，心理學理論認為，人格受到過去經歷的影響，包括一些我們早已遺忘的記憶。但與心理學家不同的是，存在主義者拒絕接受任何關於我們可以用「基因構成」或「過去經歷」來解釋我們是誰的想法。沙特堅信，大多數人都誤解了這一點：我們的行為並非「按性格

行事」，而是為了「塑造」我們的性格。如果你的行為自私自利，你就是一個自私的人——但是你可以藉由明天的無私行為重新定義你自己。因此不需要意識的連續性；性格是經年累月而來的，乃是由把你帶往此時此刻的一連串活動所組成。

全然改變，或是絲毫未變？

在蒲魯塔克擔心「忒修斯之船」的變化之前，另一位提出悖論的古希臘哲學家芝諾（Zeno）曾說過，「根本不可能有任何變化」。他描述了「從弓中射出之箭」的飛行路線。在每一個瞬間，箭頭都會在空間中占據一個點——它既不向那個點移動，也並非從那個點移動。時間之流乃是由一個接著一個的時刻所組成，但是箭頭在這些時刻中的任何一個，都沒有移動；因此，它永遠不會移動（同樣，沒有什麼會改變）。

德國科學哲學家萊興巴哈（Hans Reichenbach）則提出，只有當我們認為空間和時間是不同的，才會出現這種情況。但如果我們遵循愛因斯坦的廣義相對論，提出一個時空連續體，那麼可能就不會出現芝諾悖論。

擺脫自我

我們已經看到，對許多哲學家而言，有必要將身分定

位在身體之外的某個地方。但是對於蘇格蘭哲學家休謨來說，「自我」只不過是一「捆」（a bundle of）感知罷了。它既無一致性，甚至稱不上存在。在他看來，關於「自我」的整個概念全是虛構的。即便「捆」（bundle）這個字暗示著某種統一和集合性。在運用我們的語言來談論關於人類的種種時，似乎不可能將「自我」全然排除在外。

對休謨來說，「自我」是一種體驗的共同體，零碎的片段會不斷地出入——就像忒修斯之船，但是是以「非物質」的形式。

丹尼特同意休謨的觀點，認為身體及其感知是我們所擁有的全部。對他來說，「自我」只存在於大腦的神經連結中，除此之外沒別的東西了——它只是讓我們便於談論自己罷了。

有些東方哲學認為，「自我」是由身體所產生的一種錯誤感知，掩蓋了我們是一個更大整體的一部分的事實。在這些傳統中，「自我」的存在是一種幻覺，有礙我們頓悟，最好盡快予以擺脫。

Chapter 8

屋漏偏逢連夜雨？
厄運為什麼
總是會找上你？

生活中為什麼充斥著痛苦與不幸？上帝扮演的角色是什麼？假如宇宙是如以難以理解、深不可測，那麼是否一切都無所謂呢？

在我們的生活中，可能會遭逢不幸，偶爾也會遇到真正可怕的事情。當屋漏偏逢連夜雨時，我們自然的反應便是質問：「為什麼是我？」或「為什麼要發生這種事？」

然而，這只是真正問題的冰山一角。大家都只想到「為什麼會發生這種事」，卻鮮少停下來思忖「何以會有好事發生」。

在哲學界中，「為什麼壞事會發生」是「邪惡問題」的一部分，「邪惡問題」是反對上帝存在最令人信服的論據之一。古希臘哲學家伊比鳩魯（Epicurus）在西元前三世紀便已提出這個基本問題，他問道：「上帝是否願意阻止邪惡，但卻無能為力？那麼他就不是全能的。他有能力，卻不願意嗎？那麼他是惡毒的。他既能幹又願意嗎？那怎麼會有邪惡呢？」

「為什麼」與「為什麼不」

一般來說，針對「為什麼壞事會發生？」這個問題有以下兩個可能的答案：

- 壞事發生，是因為背後有一個更偉大的目標。
- 沒什麼特別原因，壞事就是自然而然發生了。

第一個答案需要某人或某事來設定目標，我們或可稱之為神——也就是一個至高無上、無所不能的存在；第二個答案則較難處理，如果生活順利，你還可以理解壞事會無緣無故發生；若否，則可能會陷入徒勞的漩渦，令人感到無助和恐懼。

壞事有更遠大的目的

　　許多宗教的中心思想是：掌控一切的神有某種宏偉的計畫，若我們有幸能瞥見這些計畫，或許就能解釋所有事情為什麼會發生。宗教傾向於認為神是善良的——邪惡的神祇並不會給人帶來多少安慰。但是為什麼一個善良的神會允許壞事發生呢？

　　如果上帝是仁慈的，這說明了即使在最嚴峻的境況中仍隱藏著一線光明，或者我們以為的壞事也許並非是壞事——這些壞事之所以看似厄運，乃是因為我們沒有看到更大的願景，以至於沒能把事物全貌看得更清楚。或許神是利用逆境來考驗我們，並給我們一個靈性成長的機會（你可能會認為這是一種安慰）。

「真理部」的版本——壞即是好

在喬治・歐威爾（George Orwell）的小說《一九八四》中，極權主義國家有一個真理部（Ministry of Truth），負責定義何者為「真」，何者不是。「壞即是好」很可能是真理部的口號之一。

神學家聖奧古斯丁認為，上帝會從惡中帶出良善：「因為上帝是至高的善，祂不會允許任何邪惡存在於祂的作品中，除非祂的全能和良善能帶來善（即便是在邪惡中）。」

這不是一個有力的哲學論證，因為它是以上帝「不允許任何邪惡存在」的假設開始，並以此來證明邪惡並不是真正的邪惡。如果我們能從上帝的角度來看待事物，我們就會明白，壞事並不全然是壞事，而是「更大的善」的一部分。不幸的是，我們無法從上帝的角度看事情，因此我們不得不相信上帝，這是很難做到的。

偶爾，好心的朋友在聽到別人的不幸遭遇時，會說「上帝不會給我們承受不起的歷練」之類的話（這顯然不是真的，但令人吃驚的是居然有人這麼說）。這是基於某人或某事為我們設置測試（或試驗）的概念，也許是為了堅定、強化我們的心智。

英國神職人員暨政治理論家馬爾薩斯（Thomas

Malthus）認為，邪惡是基於一種「刺激人們行動」的目的而存在的，這會促使我們去尋找避免或糾正它的方法，「邪惡存在於世界上，不是為了製造絕望，而是為了刺激行動。」他說。

上帝並不眷顧你

當然，或許存在一個擁有宏偉計畫、但對個人沒興趣的神。舉例來說，這項宏偉計畫可能涉及創造一個用於實驗目的的種族。正如生物學家培育果蠅品種以進行遺傳學的實驗一樣，神也可以培育人類作為某些宇宙科學實驗的一部分。在這種情況下，個人或群體所承受的痛苦並沒有特定的目的——它只是在實驗過程中出現或造成的產物。

還有一種情況是，上帝可能不想干涉人類事務，也或許沒有能力這樣做。有可能是上帝讓宇宙運轉，但現在它能自行運轉了。這種認為上帝就像一個神聖鐘錶匠的觀點，是由牛頓等人所提出。如果這個世界自動照其法則運行，那麼壞事之所以會發生，乃是因為它們是其他已經發生的事情的結果，或是由於設計缺陷所致；也就是說，壞事的發生沒有明確且具體的目的。這種情況就好似上帝根本不存在一樣。

另一種可能性是，那些對不幸事件感到幻滅、卻仍堅信上帝存在的人，認為「上帝要不是對人類的命運漠不關心，不然就是懷有惡意」。沒有理由說這不是真的，因為惡毒的上帝就像仁慈的上帝一樣，都有可能存在。

壞事越少越好

1710年，哲學家萊布尼茲提出了一種被稱為「樂觀主義」（optimism）的觀點。用哲學術語來說，樂觀並不意味著相信半空的水杯中都是半滿的，而是意味著「最優化主義」（optimalism）── 每件事都是盡其所能最好的版本。上帝創造了最理想的世界──從祂所能創造的可能世界中創造出最好的世界。這就像是上帝的手被綁住了。祂想創造一個沒有邪惡、沒有饑餓、沒有病媒蚊的世界，但由於種種原因，祂做不到。我們已了解這個世界的現實。我們於是可以放心，沒有比這更好的了。

伏爾泰（Voltaire）的中篇小說《憨第德》（Candide）諷刺此一觀點。我們很容易就能看出，小邪惡或小麻煩或許是一連串壞事中的最佳選擇。但我們很難在回顧歷史時想像，還有什麼比大屠殺或黑死病更糟糕的選擇。

在所有可能的世界中最好的？

　　在伏爾泰的諷刺小說中，年輕的憨第德被他生性樂觀、豁達的導師潘格羅斯（Pangloss）教導說，「萬物都是為了達到最好的結果而存在。」然而，憨第德卻持續不斷遭受各種可怕的殘酷苦難，這使得他不由得質疑導師的智慧。他通過種種考驗，最終在不受理想主義觀念束縛的簡單生活中獲得心靈的平靜。伏爾泰對他所處時代的社會弊病所做的尖刻評論，顯示了盲從他人哲學信仰的危險。

全是你自己的錯

　　有些東方的宗教認為，我們是在一次又一次的重生中，靈魂掙扎著走向啟蒙之路（請見第13章）。在這一世中發生在我們身上的一些事情，乃是前世行為的後果。由於我們沒有前世的記憶，因而「懲罰」與「罪行」是完全分離的。

> 我們之於神明，猶如蒼蠅之於頑童，他們以殺我們做為消遣。
>
> ——莎士比亞
> 《李爾王》

世界並不在乎發生了什麼

古希臘的自然派哲學家德謨克利圖斯（Democritus）在西元前四、五世紀時曾寫道，「所有事物的發生，全是原子行為所帶來的結果。」量子物理學證明了此一非常現代化的觀點。

量子物理學認為，由於宇宙中的一切都遵循恆久不變的物理定律，所以任何事都是可以預測的，只要我們具備足以預測的知識。也因此，好事壞事的發生都是不可避免的（請見第 5 章）。物理上的必然性不是目的，而是對事情發生原因的解釋。

假如一切並非不可避免，也不存在任何控制你的神明，且你不必為自己在前世所做的事情贖罪，你就會得到一個令人不安的結論：事情之所以發生並沒有特別的原因，它就是這麼自然而然的發生了。沒有命定、沒有支配一切的正義，這個世界並不在乎我們發生了什麼。生活是不公平的──而我們期望「生活公平」是不合邏輯的。

Chapter 9

善有善報、惡有惡報⋯⋯真是如此嗎？

好運真的會降臨在那些善良的人身上嗎？邪惡之
徒是否真的會自食惡果？當你行善（或為惡）時，
或許應該這麼思考⋯⋯

當有人對你惡言相向時，一想到「惡有惡報」總是會令你感到安心；換句話說，厄運會發生在那些輕視或刁難我們的人身上。但這種信念究竟有何確實根據呢？

「業」的概念

業（karma）起緣於印度教。它的字面意思是「行為」或「事情」，但也指涉一連串的行動與因應的後果。

業的一般概念是：假如我們做好事，就會有好運上門；如果我們做壞事，則會遭殃受苦。這是一種漫無邊際的因果教條，它將一種行為與一段時間過後所得的善果或惡果連結起來。基督教信仰中也有類似的觀念，語出《加拉太書》（*Galatians*）：「人種的是甚麼，收的也是甚麼。」

按照印度教關於輪迴轉世的信仰，「業」指的是你的前世，以及你當前轉世作為人類的行為。這個想法是說，假如你一直以來表現都很好——正如你現在所生活的這般，也許前世是一隻蝸牛、熊貓、水母或其他——你將因持續這麼久的善因而獲得相當好的回報。假如此刻的你是一位非常良善的人，但卻遭受一連串可怕的厄運，這可能是對你前世身為一個人、蝸牛、熊貓或水母所做可怕行為的報應。

「業」有不同的版本與說法。某些宗教（包括印度教）有一位專責懲罰、分配業力的神；另一些宗教則認為「業」是一種世俗的因果學說。「惡業」是一種黑色物質，當我們一再轉世時，會在其他維度中不斷強化。唯有消除惡業，我們才能參透開悟。由於生病會消耗惡業，因而有些信徒是不吃藥的。在印度的耆那教中，惡業可以簡單地透過心生邪念而產生，甚至不需要付諸行動。

在印度拉納普爾（Ranakpur）耆那教千柱之廟的雕刻中，「結」代表業的互相關聯之法則。

別惹麻煩

十九世紀德國哲學家尼采認為，因果報應是一種「奴隸宗教」，因為它使人們臣服於其下。如果人們的行為表現良好，他們可以期待日後會有獎賞；但假如壞事發生在他們身上，那是他們前世自找的。沒有任何誘因能促使人們去爭取更好的待遇（不好的待遇甚至是天賜之物，因為有助於消除壞的業力）。此外卻有各種驅使人們服從、順從和善良的誘因。

其他宗教認為，今世的苦難死後會得到福佑，而現在享受世間樂趣的人死後會為此付出高昂的代價。這是一個類似「交換條件」（quid pro quo）的制度，但——就像轉世一樣——後果與行為本質上是分離的，且無法證實。

善惡快速的周轉

在民間智慧中，「善有善報，惡有惡報」已發展出一個更為明確和短期的含義：如果我們對別人好，自己也會被善待；但如果我們對別人不好，則遲早會遭到報應。這可能是一個令人欣慰的想法，且毫無疑問，其中還頗具道理。那些經常虐待別人的人更容易受到無情的對待，因為我們只會對那些善待我們的人更友善。但這並不是普世現

象。你我都曾認識這樣的人，他們對待伴侶（且是一連串的伴侶）很糟，但仍能找到下一位伴侶；或者某些人在職場上橫行霸道，但卻出人頭地，甚至還有朋友。

我們持守公平的概念，即便在這個世界上找不到公平的體現。當我們受苦時，「公平」似乎既存在於同樣也在受苦的他人，也存在於我們自己日後的好運中，因此我們試圖將這些欲望合理化。

命運之輪

在《哲學的慰藉》（Consolation of Philosophy）一書中，西元五世紀的羅馬哲學家波愛修斯藉由展示一位寓言式的命運人物（通常都是女性）轉動一個人類被綁縛於其上的類似遊樂場摩天巨輪，來描述事件的隨機性。

有時人會處於巔峰（享受好運），但也無可避免地會陷入不幸——「有起必有落」（what goes up, must come down）。命運的善變

> 哲學家們說，命運是瘋狂、盲目、愚蠢的。他們教導我們說，命運就好似站在一塊滾動、球形的岩石上；他們肯定地說，無論機遇把那塊岩石推到哪裡，命運都會朝那個方向墜落。他們重複著說，命運是盲目的，原因是：她看不見自己要前往的方向；他們說命運是瘋狂的，因為她殘忍、脆弱、不穩定；是愚蠢的，因為她分不清什麼是值得的、什麼不是。
>
> ——帕庫維烏斯
> （Pacuvius）

在中世紀成為一種流行的說法，儘管最初是在西元前二世紀的羅馬發現這個概念的。

命運之輪不會根據人們先前的行為來給予獎勵或懲罰。相反的，命運在其提拔或毀滅一個人的過程中乃是反覆無常的。然而，巨輪轉動的模式也意味著，處於頂端的人總是會倒下，而處於底層的人總是會站起來。命運之輪可以按照其意願，決定以快速或慢速的方式轉動。

> 命運總是對那些她竭力想欺騙的人最友好、最誘人，直到在最令人意想不到的時候拋棄了人們，讓他們承受難以遏抑的悲傷……你難道正在試圖抵抗命運轉動輪子的力量嗎？啊！愚笨的凡人，如果命運開始停滯不前，她就不再是命運了。
>
> ——波愛修斯

是誰在轉動命運之輪？

任何相信上帝會干預命運的人都可以放心，因為有人在為因果報應受到獎賞或懲罰。對於那些不相信上帝會關心人類事務的人而言，世上存在著賞善罰惡的因果機制，或者存在著一種遵循原始印度教「因果循環」的精神平衡措施，這在水循環的角度上有最好的體現——永恆、自然，且不關心水本身對個人的影響。

或者，我們也可以認為「不存在任何模式」。在人類有限的互動領域之外，因果關係幾乎是不存在的。有些魯

莽或謹慎的行為或許會影響我們獲得好結果或壞結果的機會，但沒有人能保證自己的命運。

　　你可能會罹患癌症，或許會發生意外，也可能會在生命中的任何時候失去你所愛的人，而這一切都不是你的錯。你可能在一年內經歷上述所有這些事情，也可能永遠不會。同樣的，你也可能在同一年內遭遇墜入愛河、中樂透、獲得諾貝爾獎提名等意外。

這是荒謬的

　　「荒謬」（Abosurdism）這個哲學概念，涉及人類在一個最終毫無意義的宇宙中尋找意義的過程。這個概念起緣於瑞典哲學家齊克果和法國存在主義學家卡繆。「荒謬」乃是採取一個完全與業或命運之輪相反的位置，主張發生在我們身上的所有事情中，除了物理的因果因素以外，不存在任何模式。因此，假如你對老人很慷慨，對鄰居也很好，你得癌症或掉下懸崖的可能性，其實也跟你偷了老人的東西或炸毀鄰居的房子一樣。那麼，你為什麼要當一個好人呢？也許是因為這樣會讓你感到快樂吧？

卡繆（Albert Camus）

Chapter 10

搶先入手
一支新 iPhone
會讓你快樂嗎？

「血拚」這個行為能為你帶來更多快樂嗎？或者
應該這麼問：人，有可能獲得真正的快樂嗎？哲
學家帶你直指問題的真相。

什麼能使你快樂？購買超跑之類的奢侈品？躺在沙灘上啜飲雞尾酒？玩音樂？還是幫助別人？追求幸福快樂是人類永恆的目標。但什麼能真正使我們快樂？以及我們該如何才能做到呢？

回答這個問題之前，我們得先釐清「何謂快樂」。在哲學中，快樂可意指幸福安康，是一種過得很好的生活（因人而異），也可以是一種心境。

為「快樂」下定義 Key Points

艾比在一家慈善機構工作。她每天都在幫助那些失去一切的人重建破碎的生活。她的生活條件很差，就寢時往往已累到筋疲力盡，且心靈經常因為每天看到的景象而受創。但她的工作拯救了他人的生命。她認為自己過得很好，不會改變自己的所作所為。

喬伊喜歡看真人實境秀節目。她都躺在沙發上，邊看電視邊吃她最喜愛的食物甜甜圈。她有足夠的積蓄支持這樣的生活方式。她從不會讓自己餓著，也從來不需要工作；她不曾考慮過別人所遭受的苦難，且每晚都安然入睡。

這兩個之中誰是快樂的？哪一位擁有美好的生活呢？

快樂的理由是……

當人們問「該如何才能變得快樂」的時候，他們通常並非是想在當下就獲得乍然而至的天賜之福，而是想知道如何過上一種令人滿意的生活，並且（或者）符合他們的生活理念。這是見仁見智的問題，因為每個人對於「生活得好」各有不同的想法。快樂的生活並不全然是「過得很好的生活」。通往幸福的彼岸至少有三條途徑：享樂主義（涉及擁有許多愉快體驗）、生活滿意度（關乎對自身生活感到滿足），以及情緒狀態（包括感到肯定或圓滿幸福）。

美酒，佳人，與歌謠

抱持享樂主義觀點的人會從愉悅的體驗中找到快樂。由古希臘哲學家阿銳斯弟帕士（Aristippus）所創立的「席蘭尼學派」（Cyrene），在其教義中首次揭露了此一觀點。

席蘭尼學派認為「快樂」是唯一的好東西，他們的方式是縱情於任何可能的快樂。他們確實提供了一定程度的判斷，認為有些快樂幾乎會立即導致痛苦，而痛苦是應該予以避免的。即使是席蘭尼人也不會為了短暫的飛行樂趣而跳樓。總的來說，享樂主義者更看重「身體」而非精神上的愉悅，所以如果你想在古希臘度過一個狂野的夜晚，

阿銳斯弟帕士會是你的理想伴侶。

另一名古希臘哲學家伊比鳩魯的觀點則較為謹慎。他雖然也主張美食、美酒、音樂和其他感官享受的美德是幸福的泉源，但他同時也警告說，放縱沉溺於其中的不應該是毫不選擇、一股腦投入享樂主義。他的名字對我們來說已成了一種形容詞「Epicurean」，意指享受美食和優質生活的人。

不同於席蘭尼學派，伊比鳩魯主義者注重品味及教養。伊比鳩魯發現，凡事適中、不求多能帶來快樂。他的個人品味相當樸素：他喝水，吃的大部分是自家種的蔬菜，和朋友們住在一起。這給他們這群人帶來了許多富有智慧和同情心的談話，使他們不必在雅典為不喜歡的人做令人生厭的工作——真的有點嬉皮田園生活的味道。

伊比鳩魯認真思考幸福這件事。他認為，一旦人們對食物、住所和健康的基本生理需求獲得滿足，幸福所必須的基本「商品」將是友誼、自由與思想（智力的激發和交談對話）。在他看來，渴望豪華昂貴的食物、漂亮的房舍和財富的象徵是自然的，但沒有必要；想要權力和名聲則是不自然的。所以即便贏得音樂選秀節目的冠軍也並不能讓他開心。

去發掘你想要的事物

　　通往幸福的另一種方式是「欲望的滿足」。這與擁有愉快的經歷並非同一件事，儘管也可以將之包含在內。如果你總是因為找不到喜歡的工作或沒有渴望的關係而感到沮喪，你就不大可能快樂。你或許會因為享樂主義的經歷而產生短暫的快樂，但你整體的不滿，意味著你並不認為自己在「總體」上是快樂的。每個人想要的東西都不同，因此一個人可能會對另一個人討厭的生活感到滿意。要知道你是否滿足，就得先知道你「想要什麼」。

> 追求快樂的生活只適合野獸。
>
> ——亞里斯多德

 Key Points

關於 iPhone⋯⋯

　　如果你有一支iPhone，你的生活會變得更好嗎？如果你沒有的話，生活會因此變得更糟嗎？你會想要一支iPhone，好跟朋友交流，並使用它酷炫的功能嗎？或者你想要一支iPhone，是因為每個人都應該會想要一支，而如果你也有的話看起來會很酷？詩人與哲學家盧克萊修（Lucretius）曾於西元前一世紀抱怨地寫道，「人們想要的是大眾的意見，而不是他們自己的判斷」，他甚至沒有iPhone。

一張幸福願望清單

還有另一種幸福模式，哲學家稱之為「目標清單」模式。這就不那麼個人化了，因為它列出了哲學家認為所有人的幸福或美好生活所必需的東西。伊比鳩魯列出的名單：朋友、自由和思想即是一例。他認為，只要擁有這些東西，任何人都會過上好日子。

亞里斯多德則主張，所有的事物都渴望完成它們的功能，或者做它們最適合做的事情。我們可能會認為這是意指「實現自我潛力」。但是對亞里斯多德來說，人類所擅長的──他們的功能──是理性思考，所以當人們過著理性的道德生活時，他們是最快樂的（或者說他們「生活得很好」）。

伊比鳩魯相信，那些認為自己喜歡對自身有害事物（比如酗酒、懶惰等等）的人，並不是真正的快樂。對於那些無法理性思考的人來說，另一種選擇是過著道德高尚的生活。

亞里斯多德認為，幸福是我們唯一渴望的東西。我們或許會想要其他東西，比如財富、友誼和健康，但我們之所以想要這些，純粹只是因為相信它們會帶來快樂。

Key Points

錢能使你快樂嗎？

　　我們很容易認為，有了更多錢就會更快樂，因為如此一來就可以買想要的東西，做喜歡的事，少工作，且不用擔心太多。但是各種研究顯示，事實並非如此簡單。

　　收入的增加確實能增進幸福感，但收入增加到了「某一點」之後，就看不出彼此的相關性了。這一點（的金額）並不是特別高：一項研究指出，這一點是年薪7.3萬美元；另一項研究則顯示為年薪16.1萬美元。這些錢足以滿足基本需求、消除焦慮，但幸福感似乎不會隨著財富的增加而增加──例如，擔心沒錢買遊艇和私人飛機。在一項令人沮喪、足以反映人性的研究中顯示，比別人擁有更多的錢會讓我們更快樂。但是夢想中樂透並不是解方。那些突然致富的人或許在短期內會感到更快樂，但很快就會恢復到以前的水平。

從此以後過著幸福快樂的日子

　　對於信教的人而言，即使目前的情況不盡如人意，但仍擁有死後永遠幸福的應許。在困難時期，這可能是一種安慰，但稱不上是幸福。根據中世紀哲學家暨神學家阿奎納（St. Thomas Aquinas）的說法，世上只有「不完美的幸福」是可能的，而這種不完美幸福的最好形式則來自於沉思的生活，亦即靈修與崇拜。我們不可能時時刻刻做到這一

點，因此還有一個稍微不那麼好的選擇，那就是過著積極活躍但美好的生活，也就是對他人有益、讓上帝喜悅的美德生活。

避苦和快樂是一樣的嗎？在生活非常艱難的時候，這似乎是最好的希望。某些東方的宗教和哲學提倡一種超然淡漠的態度，鼓勵我們退一步，觀察且承認所發生的事情及我們對它的感受，但不讓自己被事件和感覺所控制。

古希臘的斯多噶學派（Stoics）也持同樣的觀點：我們無法阻止自己感到痛苦或失望，但有能力限制其對我們的平靜所造成的影響。以現代的用語來說，類似於「正念」（mindfulness）。但是，假如它有助於減少負面事件和感受所帶來的影響，必定也會削弱正面的影響和感受。也許你決定是否選擇正念的方法，取決於你所期待的是好事還是壞事，一切順理成章。

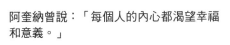
阿奎納曾說：「每個人的內心都渴望幸福和意義。」

美德使人快樂

我們已經看到，亞里斯多德將美德生活視為通往幸福的途徑，但「美德」是個模糊的術語。亞里斯多德設想了一個適用於所有類型行為的範圍，在這個範圍內，罪惡處於兩端，美德位居中間，屬於中庸之道。勇敢的美德介於懦弱和魯莽之間。慷慨是吝嗇和揮霍之間的最佳選擇。這是很多哲學家都認同的觀點。

按照這個理論，如果生活合乎道德，我們將在一定程度上免受命運變遷的影響。並非我們「不會」面臨不幸，而是安全和滿意的來源出於自身，因此能免受嚴苛命運的波及。

德國哲學家叔本華懷疑人類幸福的可能性，但他說假如存在幸福，那必定是人生的重點所在。他認為以下三件事有助於促進人類幸福：「你是什麼」、「你擁有什麼」，以及「別人對你的看法」。第一項是最重要的，但第二項則是大多數人更關心的。當他們發現自己

〔美德〕是一種堅定而持久的意志，使我們認為最好的一切事物得以實現，並將我們的全部才智用於做出正確的判斷……在我們所能擁有的一切中，它是唯一的善，完全取決於我們的自由意志。

〔幸福〕是心智和內在的完全滿足……這是因聰明而得，而非好運眷顧使然……我們不可能在實踐任何美德（亦即做理智告訴我們應該做的事情）時得不到滿足和快樂。

——笛卡兒

所擁有的，以及別人對自己的看法根本不重要時，往往為時已晚。

杯子是半滿，還是半空？

關於這個哲學問題，樂觀主義者的標準定義是，他們會認為杯子是半滿的；悲觀主義者則認為同樣的杯子是半空的。這兩種觀念會使你的幸福程度和你如何體驗生活的方式產生很大的不同。

悲觀主義者通常較為謹慎、迴避風險，不奢望事情會有結果；樂觀主義者則敢於冒險，期待好的結果出現，且更有可能遭遇成功和失望的起起伏伏。有些人較滿意平靜的生活，有些人則嚮往刺激的生活。但不管是哪一種生活方式，都能帶來幸福。

Chapter 11

生命與死亡
究竟有什麼好處？
如果是永生呢？

人生沒有再來一次的機會，多數人窮其一生都在
避免死亡，但是「沒有終點」的人生，會不會其
實是一個更糟糕的前景？

大多數文化中都有關於「永恆者」的故事，也就是可以長生不老的人（例如吸血鬼）。但「永生」真的是個好主意嗎？

死亡有什麼好處？

宗教和靈媒通常建議人們在面對死亡時，要冷靜地接受或順從，並為「善終」做好心理上的準備。為什麼？當然，有些老人已經做好了死亡的準備，但許多人（尤其是面臨死亡的年輕人）並非如此。

正如英國詩人狄倫・湯瑪斯（Dylan Thomas）所說的，劇烈地「反對光的消逝」是一種自然的反應。之所以激烈反抗，是因為我們還有未完成的事，還有人要愛且還有話要說；同時也是因為我們不希望時間不夠用。

1927年，德國哲學家海德格寫了一篇文章，探討必

如果你容許我這麼說的話，這是我們的詛咒。這是我們如此聰明所必須付出的代價。我們得生活在這樣的認知下：最壞的事情有可能發生，總有一天會發生……我們每個人都生活在個人末日的陰影下。

〔逃離死亡〕是人類成就的基礎：它是宗教的源頭、哲學的繆思、人類城市的建築師，也是藏身於藝術背後的創作動機。

——史提芬・凱夫（Stephen Cave）
英國哲學家，2012 年

死性的認知壓迫了人類意識。他將「此在」（Dasein，字面上的意思即為「在那裡」）描述為「個人在世界上的狀態」。他說，我們被時間和空間環境所定義及限制。其中之一的限制是，我們生活在有限的時間裡。知道我們只有「有限的壽命」會導致焦慮或恐懼。海德格不相信上帝，但即便他相信，上帝在這個情境下也是毫不相干的。我們仍必須自行決定該如何度過在地球上的時間，並做出明智的選擇，因為你沒有第二次機會。死亡能絕妙地使人集中精神。

意識到生命的有限，能迫使我們決定什麼是重要的，並專注其上。海德格區分出「本真」（authentic）與「非本真」（inauthentic）的生活方式。本真的存在乃是意指根據我們自己的價值觀和選擇來生活；非本真的存在則是我們允許自己被環境所擺布——儘管我們會選擇一條阻力最小的道路，那也是一種本真。假如像吸血鬼一樣，我們有永恆的時間來實現自己的雄心壯志，那麼根本沒有所謂的抱負可言——因為我們會有足夠的時間做任何事情，無須做選擇。唯有對死亡有了一定的認識，生命才有意義。

> 可是在我背後，我總聽見時間帶翼的馬車急急追趕；而橫陳在我們眼前的卻是無垠永恆的荒漠。
>
> ——安德魯・馬維爾
> （Andrew Marvell）
> 〈致羞怯的情人〉
> （To His Coy Mistress）

我們不想聽到的訊息

人類對於長生不老的追求，或者至少再多活一段時間的探索，其歷史可能和人類的存在一樣古老。千百年來，魔術師和科學家們一直在尋找一種能讓人們青春永駐、長命百歲的靈丹妙藥。今日，面霜、藥品和各種補品的問世，能讓生物時鐘停止運轉，使我們不僅看起來更年輕，也更有活力。對於那些非常富有的人而言，低溫技術也提供了一種保存人體，以備我們能在未來復活的方法。

許多宗教都承諾人們死後會有永生。在過去，對來世美好時光的承諾或許會比現在更有說服力。當大多數人忍受著充滿痛苦和勞碌的短暫生命時，一想到來世能減輕所有痛苦，想必非常吸引人。今日，雖然多數人生活得更舒適、壽命更長，但「永生」的希望仍遙不可及。我們因此轉而希望透過孩子活下去，或者留下能夠傳世的作品。

> 「明天，」蟾蜍說。「明天我全部都會做。」
>
> ——艾諾．洛貝爾（Arnold Lobel）《青蛙和蟾蜍》（*Days with Frog and Toad*），1979 年

生命有什麼好處？

「各種勞動年齡的人，」伯特蘭．羅素說，「所有的投入奉獻、所有的靈感，以及所有發光發熱的天才，都注定

有些人投入大筆錢，好讓自己的身體（甚至只有大腦）在死後能冷凍起來。他們的想法是，當出現能治癒任何殺死他們疾病的解藥時，他們就會解凍然後繼續生活。你想生活在一個新世界裡嗎？即便在所有你愛的人都離世很久以後？但為什麼未來的人會想要解凍二十一世紀的古人呢？

死亡對我們來說什麼都不是。因為當我們在世時，死亡是不存在的。而當死亡來臨時，我們也就消失了。

——伊比鳩魯如是說，
人們對死亡的恐懼是自然
但並不理性的

要在太陽系的浩劫中滅亡；人類成就的整個殿堂，必然要被埋葬在宇宙的殘骸之下，成為廢墟。」

據說，一位出租車司機曾問羅素：「那麼，這一切到底是怎麼一回事？」他或許不是問這個問題的最佳人選。但如果我們即將死去，所有的一切都將化為塵土，生命還有什麼用呢？這就是「荒謬主義者」所面臨的問題（請見第27章）。

有兩種方法可以解決「生活目的」的問題。其中之一，

是釐清生活是否需要目標，另一種方法則是試圖「說出一個目的」。我們可以探討生活中所有可能的目的，但是大多數哲學家，不論以何種方式，都指稱「不確定人生是否有目的」，因此不妨讓我們盡其所能、以最好的方式生活。

曾說過哲學中唯一真正重要的問題就是「為什麼不自殺？」的卡繆，一針見血地指出，「我們必須不知其所以然而為之。」

如果你自認為生活有目的（也許是透過宗教信仰而來），你就不會問這個問題。但如果

> 人類存在的奧祕不在於活著，而在於找到活著的意義。
>
> ——杜斯妥也夫斯基
> 1880 年

> 死亡並非生命中的一件大事：我們活著不是為了體驗死亡。如果永恆不是意指無限的時間長度，而是無時間性，那麼永生則屬於那些活在當下的人。生命沒有盡頭，就好像視野沒有極限一樣。
>
> ——維根斯坦
> 1921 年

> 清楚地意識到自己的努力注定失敗，並不必然使人絕望。我並不特別喜歡這個想法，也就是某天有人拍拍我的肩膀，告訴我派對非但不會結束，反而會繼續下去，但唯有當我不在的時候。（我第二個討厭的想法是：我離世後的第二天，報紙才會出刊，這更令人痛心。）然而，更可怕的會是，我被告知派對將永遠繼續下去，而我被禁止離開。無論這是一個糟糕透頂的聚會，還是一個在各方面都完美無瑕的派對，從它變成永恆的、強制性的那一刻起，正是它開始消失的時候。
>
> ——克里斯多福·希鈞斯
> （Christopher Hitchens）

你不認為生活有何目的可言，那麼就可能會得到最常見的哲學答案——活出真實的自己，活出美好的生活，做正確的事（請見第10章）。事物的好，來自於我們的善用。

上帝真的存在嗎？你能找出不信祂的理由嗎？

你能選擇自己的信仰嗎？抑或其實是信仰選擇了你？如果一個人生來就沒有信仰，他是否自此就被排除在天國之外？

當我們提出「上帝是否存在」的問題時，理智上會回答「否」，但信念上可能會給予肯定的答覆。關鍵問題在於，我們能否「選擇」信仰。

巴斯卡的賭注

巴斯卡賭注（Pascal's wager）是最著名的哲學主張之一。面對上帝是否存在的不確定性，十七世紀的神學、科學暨哲學家巴斯卡（Pascal）權衡了「相信上帝與否」的成本與效益：

- **如果上帝不存在，但我們選擇相信祂**：我們會擁有品德高尚的生活，即使浪費了一點時間在無用的祈禱，並隨死亡消失殆盡。
- **如果上帝確實存在，但我們選擇不相信祂**：我們或許可以度過幾年喧囂時光，隨後卻讓原本不朽的靈魂陷入滅亡和折磨。換句話說：「如果得到，就獲得全部；即使失去，卻也沒有任何損失。」

總而言之，全然不相信上帝，而後發現基督教是真實的，卻也已錯過永恆報償；相較之下，投資些時間在禱告

和做善事上是較為保險的選項。但有這麼簡單嗎？信仰是選擇的問題嗎？對巴斯卡而言也許如此，因為他心存疑慮，但這項賭注的代價促使他相信上帝的存在，也抑制了不相信的想法。然而，如果是以不相信為出發點，是否有可能選擇去相信呢？

> 如果沒有看過任何神性的跡象，我會拒絕相信。如果到處都可見造物者的痕跡，我會平靜地接受信仰。我經歷了太多而無法否認上帝，卻也歷練不足無法保證，這使我處於兩難境地，多希望如果上帝真的供養大自然，祂會清楚明確地揭示自己。
>
> ——巴斯卡，《沉思錄》
> （*Pensées*, 1669）

生於信仰

有個很簡單的道理：如果你生活在歐洲，則會出生於基督教或是猶太教的傳統之中。至今，世界上許多地方依舊存在這種宗教習俗。對一些人來說，上帝比空氣的存在更毫無疑問，他們會如同選擇呼吸一般地相信上帝。

Key Points

你會選擇哪一個上帝？

哲學家狄德羅（Denis Diderot）在大約一百年後指出巴斯卡賭注的嚴重缺陷。巴斯卡不僅必須選擇是否相信上帝，還需要選擇該相信「哪一個上帝」。如果我們選擇錯了，那花在禱告的時間就白費了，而且將會永遠受到懲罰。

強迫選擇

小說家亨利・詹姆斯（Henry James）的兄弟威廉・詹姆斯認為，信仰上帝是一種「強迫選擇」，我們必須做出支持或是反對的決定，因為沒有站得住腳的中間立場。他認為人生充滿選擇，其中一些是「強迫選擇」（必須做決定），另一些則是「重大選擇」（會對生活產生巨大影響）。正如威廉・詹姆斯所說，「是否相信上帝」的選擇既是必須、也很重要。他找不出任何選擇不信上帝的理由，因為宗教賦予人們生活目標、道德框架和心理結構，當然還有「來世」的誘人好處。

信仰是基於理智嗎？

理智和信仰的連結並不穩定。有些思想家主張，相信上帝是完全合理的，並試圖理性地辯護以捍衛祂的存在。然而，是否有哲學上合理的論證支持上帝的存在呢？

上帝存在的本體論證（ontological argument）源自於神學家暨哲學家聖安瑟姆（St. Anselm）。基於「上帝是最完善存在」的觀點，就證明上帝存在的事實。他表示：「我不想去了解我可能會相信，但我相信我可能會理解。為此，我也確信，除非我先相信，否則我將不會理解。」

伏爾泰隨後提出另一種說法，認為信仰是有原因的：「什麼是信仰？是相信顯而易見的東西嗎？並非如此。在我看來，顯而易見地有一個必要、永恆、至高和聰穎的存在。這與信仰無關，而是出於理智。」

然而，「在我看來，顯而易見……」這句話本質上即是對信念的陳述。這個存在可能是「顯而易見」，但也只有經過理智及理性論證才能證明它是「合理的」。用邏輯來證明上帝存在的唯一目的，是試圖說服那些沒有信仰或是信仰動搖的人，像是巴斯卡！

持平而論，伏爾泰相信宇宙受永恆不變定律（我們稱之為物理學定律）支配，雖然這些定理本身是可理解的，但目前我們尚未能予以解釋。因此，伏爾泰信仰上帝的原因主要來自當前無法解釋的理性定律，而不是源自無法理解的謎團。

十六世紀初期的荷蘭人文主義作家伊拉斯謨斯（Erasmus），曾批判組織性教會中隱晦的宗教性包含了不必要的儀式和規則，也批評神職人員無止境地爭論經文中並無記載的細節與規則，直到落入地獄。伊拉斯謨斯認為我們只需要簡單、直接、發自內心地敬奉上帝，並且必須是建立在對上帝的信心，以及對祂強烈的敬拜之意。

伊拉斯謨斯也認為信仰上帝是「光榮的愚蠢」的一種形式，愚蠢的原因在於：即使看起來與理性背道而馳，也認為上帝是真實的。這種直接地感知或理解真理的簡單認證，超越了科學及理智。

齊克果也把信仰視為「信念的跳躍」，與理智恰恰相反。他認為，如果我們可以解釋上帝，我們就不需要信念，信仰也毫無意義。

你喝得出通寧水的味道嗎？

上述這些說法，讓那些不相信上帝的人幾乎別無選擇。難道這就像能否嚐到通寧水（tonic water）滋味的能力一樣嗎？有些人可以嚐到奎寧的苦味，有些人則不能。這是一種遺傳的差異。如果你嚐不到這個味道，便永遠也無法嚐到。

信仰也是一樣的道理嗎？如果一個人生來沒有信仰，是否就被排除在天國（假設有的話）之外了呢？根據許多宗教教義，若人沒有信仰，那麼無論他從事多少善行和擁有多少慈善的想法也無濟於事。約翰・喀爾文及其追隨者相信，上帝已經揀選了那些將被救贖的人。但是根據更具自由主義的學說，「我們每個人都是有機會被救贖的」。

現今對宗教的主導態度（尤其在西方）認為，信仰是「個人」與「上帝」之間的私密關係，但其中可能會有一個作為媒介的精神領袖。德國哲學家尼采反對宗教（尤其是基督教），他宣稱宗教是處理重要社會議題的一種集體迴避策略。在他看來，宗教利用從屬身分的美德（像是貧窮、謙卑和溫順）來支持迫害窮人的社會制度。

尼采之所以稱宗教為「奴隸道德」，是因為宗教運用其道德善良的特性，使人們容易受剝削、利用。宗教也阻撓奴隸起身反抗自己所處的現狀，因為奴隸被勸服而相信他們的生活方式將會使自己在來世受到眷顧；然而，尼采並不相信來世的存在。

心理學家佛洛伊德也看出了宗教別有用心的動機，但這次是出自於人們潛意識中尋求舒適和養育的泉源。佛洛伊德指出，人類渴望有一個「父親形象」的角色，用以調解人與其殘酷的命運，以及補償人類所承受文明的苦難。

尼采和佛洛伊德都認為，人們不是因為理智或信仰驅使他們走向上帝，而是在面對虐待或痛苦時必須替自己的自滿辯解。他們相信上帝，並非出於信仰或是自主選擇；相反的，他們是不加思索地抓住宗教這根稻草。

對某些科學家而言，宇宙令人難以置信的複雜性引領了人們靠近而非遠離信仰，使人們相信宇宙必然是出自聰明絕頂的創造者之手。

動物是否也會有自由意志？

你是否曾經注視著狗的眼睛，並認定牠有靈魂？
事實上，許多動物都能表現出同理心、利他和共
享的行為。這意味著什麼？

靈魂是什麼？

有宗教信仰的人經常將靈魂視為人與神（或創造者）之間的連結。在亞伯拉罕的宗教（包括基督教、伊斯蘭教與猶太教）中，靈魂是人類內在近似神（god-like）的一部分，使人渴望像神或是回到神的身邊，像是聖靈的映像或片段。非宗教的觀點則認為，靈魂是類似於自我感知、意識或是普世精神的一部分（請見第6章）。

由神選擇的靈魂

從宗教的觀點來看，上帝已經決定了動物是否有靈魂。然而，宗教經文的隱晦是眾所皆知的，大部分的文字都需要闡釋，因此也經常產生互斥的訊息。《聖經》尚未清楚記載動物是否有靈魂這個問

Key Points

思想及
身體的二元論

笛卡兒將身體視為如機械裝置般的靈魂住所。他相信只有人類擁有靈魂，而動物是一部空無靈魂的機器。

題——它在描述耶穌基督重返人世，並帶走被救贖眾生的經文中暗示道：「人的靈魂是往上升，獸的靈魂是下入地。」（傳道書3:21，譯按：《聖經》原文為疑問句。）

伊斯蘭教認為動物並沒有自由意志，牠們的行為不會受到批判，也不會上天堂。因此，也許「自由意志」為是否擁有靈魂的決定特徵。

靈魂的轉世化身

佛教甚至沒有賦予人類獨特的靈魂，而是讓所有的生物具有普世精神。哲學家斯賓諾莎也抱持相似的觀點，他觀察到一種自然的精神棲息於所有創造物中。這種觀點被視為異教，也使得斯賓諾莎無法參加猶太教信仰。佛教和斯賓諾莎的觀點賦予每個人及每隻狗一小片段的宇宙靈魂，然而，這個片段並不具有任何自治權或是有意義的獨立存在。

對於相信靈魂遷移（靈魂從一個軀體轉世至另一個軀體）的人來說，狗確實有靈魂。此外，靈魂並不限制只存在於特定的物種中，同一個靈魂可存在於人類的一生，也可再進入狗的一生。古希臘作家希羅多德（Herodotus）在西元前五世紀的著作中，記述了古埃及人相信人類的

靈魂是來自於各種動物靈魂的重生，這些動物的靈魂在三千年後又回歸到人類的形體。包括柏拉圖和畢達哥拉斯（Pythagoras）在內的一些古希臘哲學家認為，靈魂只能短時間居住在軀體當中。在靈魂附於另一個人類或動物的軀體之前，它會重返一個充滿靈魂（但軀體已死亡）的世界。在這樣的設計中，狗靈魂的類型和質量與人類靈魂是完全相同的。

動物有不一樣的地方嗎？

人們通常認為靈魂能產生意識、自我感知、道德、想像力、語言、同理心、抽象思想、良心、熱情和希望。傳統上認為，這些特性和能力能將人類與其他動物區分開來。如果人類和野獸的區別是我們對靈魂的所有權，那麼靈魂則是專屬於人類，而不屬於野獸。因此，這構成循環論證（circular argument），狗不能憑藉是狗而擁有靈魂，也就是說，狗並不擁有靈魂。

排除任何宗教因素造就人類的特殊性，古老的假說提出人類和人類的大腦天生就有特別之處。但隨著人們對動物生理學和行為學的了解不斷增加，便逐漸對這古老的假設產生懷疑。我們發現其他動物也有智力和學習能力，其

中一些行為類似人類的同情、公平和利他主義，這些行為的對象不僅止於自己所屬的群體或物種。研究員尚・迪蒂（Jean Decety）發現，即使沒有獎賞，老鼠也會幫助其他同伴擺脫陷阱，而且還會及時釋放另一隻老鼠，使其也能享用原本只屬於自己的獎勵食物。猴子也能解開籠子的鎖，把另一隻猴子放出來並分享自己的食物。自古希臘時代以來就流傳著海豚拯救溺水的水手，以及野生動物扶養人類嬰孩的故事。

大多數的人仍認為，只有人類才能創造藝術，感到懊悔或內疚、幻想，對未來充滿希望或擁有自我意識和同理心。然而，我們無法證明動物也能做上述這些事。如果他們能做其中任何一項或是全部都有能力執行，那麼牠們就會有靈魂嗎？

> 他見到小狗被毆打時，憐憫地說：「停止，不要再打了！因為聽見牠大叫，我認出這是我親愛之人的靈魂。
>
> ——古希臘哲學家色諾芬尼（Xenophanes）引述畢達哥拉斯的經驗

賦予靈魂的方舟

在西方世界，狗和人類有著緊密的關係。相較之下，貓和馬受到的寵愛程度則略低。我們可以爭辯說，喜好程度的差異與是狗、是貓或是馬並無關連，而是關乎我們自

身以及我們的態度。

有其他比狗更聰明的動物，也有其他動物能夠表現出同理心、利他和共享的行為。如果狗有靈魂的話，那麼海豚和大猩猩當然也有靈魂。從生物學的觀點來看，其他動物也很有可能擁有與靈魂相似，且和狗有同等水平的心理行為。

亞里斯多德的靈魂目錄 ·············· **Key Points**

亞里斯多德認為，只有人類擁有功能健全的靈魂；動物的靈魂較缺乏理性；植物靈魂的品質則更差：

- **五星的靈魂**：只適合人類、有理性思考的能力、有運動位移和感知能力、具有維持生命的技能。
- **三星的靈魂**：適合動物、有運動位移和感知能力、具有維持生命的技能。
- **一星的靈魂**：只適合植物、無法獨立運動位移、僅具有維持生命的基本能力。

英國哲學家克利福德（William Kingdon Clifford）無法理解生物的「無意識」是如何進化成「有意識」，因而假設一切生物都具有某種原始的意識形態，進而用於進化發

展。克利福德表示：「任何人都無法指出這項進化事件是發生在演化脈絡中的哪個特定位置。」在接受進化論的前提下，我們唯一能說的是，即使在最低等的生物體中（甚至是在人體血液中游動的阿米巴變形蟲），存在著極為簡單卻與人類的自我意識有相同性質的東西。」

有沒有靈魂真的這麼重要嗎？

動物是否有靈魂會有任何差別嗎？正如畢達哥拉斯要求不要踢一隻小狗，因為他認出了這隻狗擁有曾經是人類的靈魂。如果我們知道動物有靈魂的話，我們可能會用不同的方式對待牠們。

大多數的人都認為，我們對人的職責應該大過對動物的職責。相較於蚯蚓和蜈蚣，人類對較大、可能較聰明的動物應有較多的義務；人類對動物的義務應該比對植物來得多。我們對被賦予靈魂的生物應該承擔什麼特殊的責任（如果有的話）嗎？

如果我們知道動物有靈魂，或是有能力像人類一般地思考、同理和受苦難，那麼我們對動物和人類的義務會是相同的嗎？再者，當無從得知這些問題的答案時，我們是否該寧可信其有，不可信其無呢？

豆子有靈魂嗎？ ·········· **Key Points** 🔍

　　據說畢達哥拉斯不吃豆子，甚至他寧可被屠殺，也不願意穿過並踐踏一片豆子園逃跑。畢達哥拉斯這麼做的其中一個原因是，他相信豆類在靈魂的遷徙中扮演重要的角色，也許豆子充當靈魂遷移發生的管道。

Chapter 14

你是否能夠實在的說並精準的講？

我們可以運用「語言」來敘述實情或撒謊欺騙，
但對哲學家來說，更有趣的問題是：單詞和含義
之間，究竟是如何連結的？

過去的一百年間，哲學家對「語言」極為感興趣，他們想知道在人們所說的話中，單詞和含義之間是如何連結的；以及我們是如何理解別人的語言。所有哲學思想都必須透過語言進行交流，因此所謂的「語言學轉向」（linguistic turn）對於「說了什麼」和「怎麼說」產生很大的影響，同時也引起人們對「什麼是不能說」的反思。問題是，語言會限制我們的思維能力，或甚至限制了事物的存在性嗎？

> 「那你應該說你所想表達的意思。」三月兔繼續說道。
> 「我願意這麼做。」愛麗絲急忙回答：「至少、至少，我的意思就是我所說的，那是同一件事，你知道的。」
> 「一點都不一樣！」帽匠說。
>
> ——路易斯・卡洛爾
> （Lewis Carroll）
> 《愛麗斯夢遊仙境》

那只是個單詞

哲學上的「共相問題」（problem of universals）是用來探討「概念是否存在」的議題（例如：正義、童年、憤怒、紅色），也可解決棘手的語言問題。

一些被稱為「唯名論者」（nominalists）的哲學家認為，「憤怒」這類「東西」並不存在，只存在表現憤怒的行為和「憤怒」這個詞。其他被稱為「現實主義者」（realists）的哲學家則聲稱，「憤怒」不只是個單詞，它確實存在（即使我們沒有賦予它一個名稱，人們還是會繼續生氣）。

現實主義者又分為兩類：一類是像亞里斯多德一樣，相信「共相」（universals，或稱為普遍性）只有在能舉得出例子的情況下才能存在；另一類是相信「共相」無論如何都存在。因此，對於亞里斯多德來說，如果人們不再生氣，或是人類被消滅，那麼「憤怒」就不再存在。但對於理想主義者（例如柏拉圖）而言，無論人們生氣與否，憤怒都會存在，因為本身就有一個「憤怒」的「形式」（典型）存在。

這些單詞代表什麼意思？

二十世紀的德國哲學家維根斯坦，對於「單詞是如何產生含義」的這個問題深感興趣。對他來說，單詞是以被使用的方式而定義。因此，當我們用不同的方式使用同一個單詞時，它的含義就會改變。

當年輕人開始使用「cool」（涼爽）來表示除了「不是很暖和」以外的意思時，這個單詞的含義就發生變化以符合新的用法。然而，這卻推翻了維根斯坦所提出的論點。

維根斯坦表示，我們必須使用語言來繪製世界的圖像或模型；但是這只有在單詞的意思與所有事物之間的關係是「固定不變」的時候才可能發生。維根斯坦後來的思想專注在「語言遊戲」。在這個遊戲中，參與交流的人必須

釐清他們所使用的單詞的含義。

那麼，單詞和其含義之間是否存在對應關係？或者，每個單詞只是隨意的發音，而我們再賦予其意義？舉例來說，有任何充分的理由解釋為什麼「狗」是指犬類哺乳動物，而不是指冰柱或化油器嗎？確實在單詞與單詞間存在著邏輯關係，例如：冰（ice）和冰柱（icicle）。但正如語言哲學家所稱，只有少許擬聲詞在單詞與事物或意符（signifier）與意指（signified）之間存在有意義的對應關係。

語言學家索緒爾（Ferdinand de Saussure）將口語用詞視為意符，認為書面用詞是另外一個意思：我們將英文字母「t」的發音視為意指；而將字母「t」視為意符。我們認為「t」是一個單字，其發音「t」就是聲音模式的一部分；「t」這個字既是意符，也被解釋為所意指事物的含義。「樹」這個字，在任何絕對意義上都不表示「樹」，但是我們有此共識，當我們看到或聽到這個字時，在知道這是中文字的情況下才將其理解為「樹」這個概念。

語言背負的思想包袱

言語伴隨著許多思想包袱。這些包袱隨著時間不斷累積和變化，甚至可以追溯到以往並改變書面傳達的含義。

提到「阿道夫」(Adolf)這個名字，大多數的人會想到希特勒。如果你撰寫一個以阿道夫為主角的故事，讀者對這個角色會有一定的期待，根據這個角色的塑造方式，你可能會受到讀者的支持或是感到挫敗。

「同性戀」(gay)一詞在二十世紀中葉之前一直被用來表示快樂和無憂無慮，但現在它主要的含義則是「同性戀」(homosexual)。沒有人可以再使用這個單詞的原始含義而不涉及後來被添加的詞意，而這個現象也具有追溯力，例如這個詞現今的詞意，也會影響到人們對於一部寫於一九二〇年代的小說之反應。

二十世紀的英國哲學家奧斯丁(John Austin)將「言語行為」(可用文字完成的事情)分為以下三個類別：

- **表意行為**(locutionary acts)：提供我們關於世界的信息。
- **意向行為**(illocutionary acts)：可以是一個問題、一個指令或一個諾言，不僅提供訊息，還具有特殊的功能。
- **語導行為**(perlocutionary acts)：既是語言也是行為，例如在婚禮上說出「我願意」。

為了理解詞語是如何以上述的方式運行，每個相關人士都必須了解這些詞語被使用時的文化背景。

你懂我的意思嗎？

有些人會把綠松石（turquoise）看作是藍色的陰影，其他人則將之視為是綠色的陰影。我們是以不同的角度看待這個石頭？還是只是用不同的方式去使用這些單詞呢？

我們無法確定大家都是以相同的觀感察覺紅色或黃色，但是我們「達成協議」將血液的顏色稱為「紅色」。同樣的，我們對於憤怒、愛、恐懼或其他事物的含義可能有不同的想法。因此，「我所說的意思不一定是你所聽到而理解的內容」。諷刺的是，哲學家在試圖談論語言時發現，由於溝通的手段太過狡猾且不可靠，因此無法真正完成溝通任務。

德國哲學家哥弗雷格（Gottlob Frege）辯稱，語言僅能從上下文中推斷出含義。以「那頭豬是黑色的」這句話為例，我們可以把它看作是數學敘述：「那頭豬」為自變數（argument），「是黑的」為函數（function）。舉例來說，我們可以用「這隻貓」來取代原本的自變數。但是這些部分的文字只有結合在句子的上下文當中才具有意義，也就是

說，「是黑色的」這些文字本身並不能提供任何訊息。

單一個字詞的本身不具任何意義。語言學家索緒爾解釋說，字詞的含義是來自於不同單詞之間的差異。像是「男性」這類單詞同時需要「女性」一詞的存在；在說這「是」貓的同時，同時也是意指這「不是」狗、老鼠或沙袋鼠。就某種意義上來說，一切事物都是由「它不是什麼」來定義的。

言語與真理

很明顯的，我們可以用語言來敘述實情或撒謊。伯特蘭・羅素進一步表示，一個陳述也可能不具任何意義。就如同「法國國王是個禿頭」這類敘述是沒有對錯的，因為法國並沒有國王。如果我們說這句話是錯誤的，那意味著「法國確實有國王，但他並不是個禿頭」。然後可能會出現非常令人困惑的陳述，例如：「我所說的一切都是謊言。」如果這句話是真的，則為錯誤；如果這句話是假的，則為真實。

詞彙的多寡會限制思想嗎？

語言限制了人類說話的內容，但語言可以限制我們的

「思考範圍」嗎？有一種說法的答案是「可以」。舉例來說，中文裡提到事物的數量時，必須在數字和物品之間加上「量詞」。英語的「three maps」翻成中文是「三張地圖」，但這個翻譯在英文實際上的意思為「三個平面、是地圖的東西」（three flat-things-that-are-maps）。

這種將事物按照它們其中一種特性做分類的規則，使得不同事物間產生連結，也強調了某特定的屬性。在中文裡，三張地圖和三張郵票之間的相似度，要比三張地圖和三隻大猩猩之間來得高。英語則無法反映出「郵票相較於大猩猩，與地圖來的更為相似」這個事實。此外在計數時，英語也並不需要去思考事物的形體為何。

有些語言擁有其他語言所沒有的單詞來表達事物。在日語中，「tsundoku」一詞是指在購買書籍後仍未閱讀的行為。儘管英語沒有這個詞，但英國人也會買了書卻沒有讀。你會因為沒有單詞可用來描述，而對這個行為有不同的看法嗎？會因為沒有單詞可以使用，就覺得這個行為比較沒有關係嗎？儘管「沒有這個單詞」是件要緊的事，但仍然可以用英語表達出「你買了一本書也沒有讀它」。

當碰到沒有單詞可以表示的東西時該怎麼辦？就如同我們沒有一個單詞來表示「蠕蟲穿鑿過土壤的方式」。雖

然很難想像自己是一隻蠕蟲，但我們仍然可以用「肌肉活動的形式」來描述蠕蟲是如何移動的。可能的原因之一是，我們沒有一個單詞來表示蠕蟲是做什麼的；也或許是因為人類很難想像蠕蟲是如何活動的。

語言之間存在著相同性，卻又有所不同

現代哲學家喬姆斯基建議，所有的語言都共同具有某些特定的語法（結構），而我們的大腦會本能地以這些特定的模式來學習不同的語言。換言之，大腦的結構已經準備妥當，只需要自行填充一個語言的內容資料即可。

喬姆斯基認為，任何一種語言都太過於複雜，以至於兒童是無法透過模仿周圍的人而習得，這表示我們具有天生的語言能力。然而，這個學習的潛能似乎是有期限的。一些語言學家提出一個關鍵的語言學習時

這個兒童跨越馬路的標誌顯示了對兒童的格式化印象，即使你從未見過這個標誌，也可以很輕易地理解其含義。

> 對於無法言說之物，就應該保持沉默。
>
> ——維根斯坦

期，如果兒童在這段期間沒有接觸某種語言，他們日後將很難再學會。

Key Points 🔍

野生人類的語言

　　綜觀歷史，有許多關於野生動物（通常是狼）撫養孤兒長大的記載。有時，這些野生孩子會被人發現並被帶回人類社會。研究顯示，如果這些孩子在生命早期未曾接觸人類的語言，他們將很難再學習這個語言，但他們卻能夠與他們的動物照顧者溝通交流。俄羅斯的「鳥童」是野生孩子中較為奇怪的例子之一。「鳥童」的母親將他養在一座鳥舍中，母親從未與「鳥童」說過話。當他在七歲被外界發現時，他只會用吱喳叫和拍打手臂來溝通。

諾姆．喬姆斯基
（Noam Chomsky）

沒有言語的語言

沒有人會假設小孩或聲啞人士不具有思想能力，即使他們不能用一般成年人所具備的聽說能力來運用語言。「語言」不必包含口語或書面文字。一些語言（例如梵語）只有書面形式，而有其他語言只有口頭形式。皮拉罕語（Pirahã）能完全用口哨來「說」，因為這個語言只有十三種不

美國作家和社會運動者海倫‧凱勒在嬰兒時期因疾病而失去了視力和聽力。她戰勝了巨大的苦難，用她的智慧、勇氣、決心和影響力來幫助他人。

同的音調，而這些聲調可以用口哨聲取代。那麼「視覺資訊圖表」（infograms）又是如何呢？這些圖表的訊息交流是不需要使用文字或已建立的象形符號。手語將視覺動作映射到單詞；而海倫‧凱勒（Helen Keller）的啟蒙導師為她開發的手語，則是以動作的觸覺為基礎。語言的可能形式遠遠超出了口說和寫作的範圍。

Chapter 15

該如何做正確的事？

哲學的實際應用，在於它可以幫助我們決定「如何行動」。面對生活中大大小小的決策，哲學派得上用場的地方比你想的多更多！

哲學影響著我們在日常生活中的各種作為，不論是我們投票的方式、是否攜帶器官捐贈卡，或者我們捐了多少錢給慈善機構等，哲學皆無所不在。

做決定

齊克果認為，生命乃是由一連串的選擇所組成；人類面臨的困境是，如何在各種可能性中做出選擇。「我真正缺乏的是，清楚知道自己該做什麼。」他說。

有些決策純屬實踐層面，不涉及任何哲學。當你決定究竟是要就寢，還是熬夜看電影，大多取決於你隔天是否需要早起去工作。但許多抉擇都包含倫理成分，亦即使一種選擇在道德上比另一種更好或更壞。哲學可以幫助你做出任何涉及道德正確（或錯誤）選擇的決定。那麼，該如何做出正確的道德選擇呢？

遵守規則

我們被規則和規章所束縛，其中，包括國家的既定法律、宗教規則、社會慣例和習俗、專業行為準則，以及地主、父母、學校、雇主，或其他權威及掌權者制定的規則。有些規則比其他規則更具分量。如果我們違法，恐將招致

司法懲罰；但假若違反了社會規範，也可能引起人們的反彈。不要低估習俗和傳統的力量：在十六世紀的中國，如果一位母親沒有讓她的女兒裹小腳，那麼二十年後她會發現自己身負一個嫁不出去的包袱（儘管女兒還能走路）。沒有法律效力的社會「規則」，仍然有辦法欺壓人們。

宗教規則是唯一明確宣稱要過「道德高尚生活」的規則。它們形成了「價值框架」，為信徒提供了一條通往正確選擇的捷徑。如果你的宗教告訴你不要吃豬肉或不要說謊，這些都是明確的指導方針，你不需要仔細考慮是否要做這些事情。一個行為是好是壞，可以藉由將它與一套規則進行比較來決定。根據一套規則或一種責任感來判斷一個行為的道德性，被稱為「義務論」（deontology）或「義務倫理學」（deontological ethics）。

Key Points

道德和倫理

儘管有些哲學家將道德（morals）與倫理（ethics）加以區分，但兩者之間並沒有實質上的區別。這兩個詞都來自同一個語源學詞根，可以經常互換使用。「倫理」在理論語境中更為常用（例如「倫理委員會」）。

道德是宗教的特權嗎？

　　數千年來，宗教與道德緊密相連。有些人認為，沒有宗教，就沒有道德誘因。為什麼有宗教信仰的人更有可能遵循道德法則呢？許多宗教對那些遵守規則的人提供獎勵（如救贖），也可能祭出威脅懲罰（如詛咒），試圖恐嚇人們服從信仰。因此，信徒遵守規則可能是為了得到獎賞或避免懲罰，而不是因為他們想做個好人。

> 一個人遵守神的道德話語的動機，有可能出於道德動機，有可能不是。若是前者，則人本身已具道德動機，而引進上帝的概念並沒有增加任何額外的東西。但假如不是出於道德動機，那麼將會是一種無法恰當激發道德的動機……我們因此得出這樣的結論：在這方面，任何向上帝提出的祈求，若非毫無意義，就是增加了錯誤的東西。
>
> ——本那・威廉斯
> （Bernard Williams，英國道德哲學家），1972 年

宗教擅長把人們聚集在一起，使其遵守一套規則。

這聽起來不太有道德感。也許信徒遵守這些規則是因為他們愛上帝，想要取悅神。在這種情況下，獎勵和懲罰都是不必要的，既然如此，為何獎勵和懲罰是宗教信仰的重要特徵呢？同理，一個無信仰的人可能想要行事正當以取悅他們的同伴，也或者是因為他們熱愛美德。人文主義者可以在沒有獎賞和懲罰的情況下道德高尚，所以也許人文主義者比宗教信徒更有道德。我們當然沒有理由認為道德是宗教的特權。

宗教是義務論。信徒有責任遵守神的律法。但是世界上有很多宗教，而它們對於行為的「好」各有不同的定義。這意味著某些（或所有）宗教是錯誤的，或者對一個人來說是「正確的」行為，但對另一個人來說不必然是正確的。當然，每個信徒都會認為只有自己的信仰框架是正確的——那麼，局外人要如何在這些歧異之間做出選擇呢？

無視規則

如果正確構建道德框架，那麼它應該能引導我們去做正確的事情。但這個「如果」的風險很大。通常，規則是為當權者的最大利益所設計——甚至是主要宗教的核心道德準則。

尼采認為，基督教具有政治目的，它利用「死後重生」的虛假承諾，讓受壓迫者順服地接受自己所處的位置。

一些研究發現，犯罪和不道德行為與社會中宗教的存在有直接的關連，較多宗教信仰之處，犯罪率也較高。這就表明，規則本身並不能使人們的行為符合道德規範。

我們難免都會遇到身負的職責或義務互有衝突，或是面臨一些問題迫使我們得做出艱難的選擇。有時，我們遵循的規則會要求我們採取一系列我們覺得無法制定的行動方案。

我們可能不得不評估互有矛盾的主張，並選擇我們認為最重要或最令人信服的主張。如果你信奉一種宗教，你可能不知道要如何將它的教義應用到一個複雜的問題上；而如果該教義似乎不適合你的處境，你或許會持反對立場（請見第16章）。

對此，你大概會尋求靈媒的幫助，也有可能會陷入孤立無援的境地。

> 你會發現這個不尋常的事實，任何時期的宗教愈是狂熱，教條主義的信仰愈是深刻，殘酷的程度就愈嚴重，事態也更糟糕……你會發現，當你環顧全世界，無論是人類情感上的每一點進步、刑法上的每一個改善，或是趨向減少戰爭、更加善待有色種族、緩解奴隸制所走的每一步，世界上每一個道德進步，始終都遭到有組織的教會的反對。
>
> ——伯特蘭·羅素

困難決策的測試

　　哲學家喜歡用假想實驗來檢驗理論。你不妨嘗試以下這三個假想實驗，看看自己的價值觀如何幫助你做出棘手的決定：

* 你開著一輛載有三名乘客的車。突然間發生道路坍方，前方的路被堵住了——沒有時間讓你停下來，否則就會直直撞上眼前崩塌的岩石，但是你還有機會轉向一條岔路。不幸的是，有一個年輕人站在狹窄的道路中間。如果你轉彎，一定會撞到他。你究竟是會彎進狹窄的岔路，害死一位原本可以活下來的人，還是維持原本的路線，但可能危及車內四個人的生命？

* 你需要一件新襯衫，好參加求職面試，但是你沒有太多預算。你唯一買得起襯衫的地方是販賣廉價品的商店。你曾看過這家店的紀錄片，知道這些襯衫是由海外受剝削的勞工所生產的。你不想間接支持這些血汗勞工受到的惡劣待遇，但你真的需要一件襯衫。你會怎麼做？

* 你找到證據證明自己國家的政府貪腐無度。假如你揭露手中的證據，將陷自己於險境之中。但若不揭露，許多人將因這個腐敗的政權而受苦。你會揭露嗎？

　　以上這些問題是否有正確答案？而這些問題的答案是否在任何情況下對所有人都適用呢？

唯有當你知道自己的價值觀、你是如何形成這些價值觀、你會如何捍衛它們，以及它們是怎麼結合在一起的，你才能在艱難的道德決策中做出抉擇。此外，總有厄運臨門的時候。你將需要一種方法，好讓這些艱難的情境納入你的世界觀和價值觀框架，或者你將需要視情況調整你的觀點。

三色堇是自由的象徵，也是一種哲學立場，認為人們應該把思考和決策建立在理性和邏輯的基礎上，不受偏見、傳統、習俗、權威，以及任何其他類型的智識壓力所影響。

使用一些「主義」來做決定

英國功利主義哲學家西季威克（Henry Sidgwick）發現，人們若不遵守規則行事，他們會依以下三種方式做出道德決定：利己主義、效用主義，以及直覺主義。

利己主義（egoism），是指選擇那些能給你帶來最大快樂和最少痛苦的選項，而不考慮對他人的影響。這聽起來不像是一條通往高尚道德生活的道路。一開始或許蠻吸

引人的，但如果你過於自私，可能就會出問題，因為人們不想和你扯上關係。

效用主義（utilitarianism），乃是藉由衡量一個行為給所有相關人士帶來的快樂和痛苦，進而判斷該行為是否合乎道德（請見第21章）。一種行為如果對大多數人所產生的快樂多於痛苦，那麼就是道德的；反之，如果一種行為產生的痛苦多於快樂，則是不道德的。這是一個很好的出發點，但也並非萬無一失。有時很難衡量其中的得失，更難的是要徹底遵循計算出來的最佳方案。

直覺主義（intuitionism），即我們憑直覺知道何謂「對錯」，亦即依賴你的本能反應或常識。西季威克認為，直覺主義可和效用主義做很好的搭配，因為我們的本能選擇似乎傾向於倚賴一種感覺，亦即傷害他人是錯誤的。

倫理決策——應該、不應該和可能

倫理決策是指需要你下判斷，哪些是正確或有道德的事情，或決定去做趨善避惡的事。

比方說，假如你在圖書館的桌上發現一個裝滿錢的信封，你或許知道自己應該把它交出去。但是你必須決定「你是否真的要交出去」。你大概會說服自己：它永遠不會

物歸原主，所以不妨自己留著，也或許讓別人拿走。你可能會覺得，如果這些錢最後無法回到那些不看緊財物之人手中，那也只能怪他們自己。或者不管最後結果如何，你還是會把這筆錢交出去，因為你認為中飽私囊是「錯誤」的行為。為了便於道德判斷，我們可以將「行為」分為以下三類：

- **必做之事**：你必須去做。
- **可做（但不強求）之事**：你可做可不做。
- **禁止做的事**：你萬萬不可做的事。

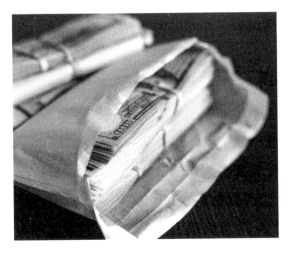

如果你發現一個裝滿鈔票的匿名信封，你會怎麼做？是交給警察，還是中飽私囊？

有些行為符合普遍的共識。大多數人會說「謀殺」是壞事，因此屬於被禁止的行為——你不能殺人。但在很多情況下，人們對於行為的道德地位看法分歧。對一些人而言，吃某種食物是被禁止的，但同一種食物對其他人來說，卻是被允許的，且沒有所謂道德好壞的顧慮。

　　有時候，人們彼此之間會有完全不同的意見。有些人認為對嬰兒和幼童進行割禮是道德上的要求，因為他們的信仰要求必須這麼做；其他人說這是容許的行為；有些人則會說這是對未得到允許之人身體的侵犯，所以在道德上是錯誤的，應該予以禁止。涉及道德問題的爭論有可能會升溫、甚至演變成暴力事件，而凡是與宗教信仰有所牽扯的道德爭論，更是可能導致持續數個世紀的戰爭。

道德的邏輯有時複雜難明。例如利用動物試驗來測試藥物究竟是對還是錯？動物權益保護組織會說這絕對是錯誤的。但是，如果不在動物身上試驗藥物，就有可能對人類造成傷害，這種結果大家可以接受嗎？

哲學可以讓事情有所改變

　　我們都生活在有文化規範的社會中，這些規範常常反映在法律上。大多數時候，我們相當確信自己應該做的是遵守法律，但有時這可能與我們認為「何謂正確」互有衝突。事情發生了，並不表示它應該發生。

　　兩百年前，許多美國人蓄奴。這並不意味著奴隸制以往或將來都是正確的──但情況之所以改變，只是因為有足夠多的人認為奴隸制是錯誤的。為了讓社會進步，必須有人企圖打破傳統；必須有人能夠決定，已經發生的事不是應該發生的事，之後開始嘗試予以改變。

　　如果你認為事情應該有所改變，那麼你就需要一個良好的道德思考基礎，如此便能向別人解釋，並予以說服。在你真正決定要做什麼之前，你必須知道自己是怎麼想的，為什麼會這樣想。這就是哲學能派上用場的地方。

Chapter 16

女巫應該
被燒死嗎？

對者恆對，錯者恆錯嗎？抑或是根據時代和環境
的轉變而有所不同？誰又能為對錯、規則和道德
準則下定義？

誰能為「善」下定義？

那些被人們視為「正確」的事物，自古以來總是不變的嗎？而為什麼「善」就是好呢？

我們花費許多努力來決定哪些行為是善，但大多數人幾乎未曾考慮過，究竟何謂「善」與「道德」？二十世紀英國哲學家摩爾（George Moore）曾總結道：「善」並非我們所能定義。

關於何謂對與錯，我們多少都有一些天生的直覺。摩爾說：「我們不需要經由科學或倫理來接近『善』的本質；我們只知道它是一個簡單的概念，就像『黃色』是一個簡單的概念⋯⋯你無法解釋什麼是善的。」這聽起來有點像是託辭，因為上述說法並沒有提供線索，告訴我們這種概念從何而來，或者這種概念是否可能對所有人來說都是一樣的。

有種說法是，「善」的定義乃是在理想的觀察者（一個擁有完整知識和絕對理性的假想存在）看來是好的事物。另一種說法是，它是一個全知的存在（某種神）所認為的善，由此便產生了「神旨論」（divine command theory），即事物的善惡取決於神的命令。然而，此一說法並沒有完全回答何謂「善的定義」，而是引導我們思考：神之所以下

這個命令，是因為這件事真的為善，還是僅僅因為神就是這麼命令？若是前者為真，那麼在神之外還有一個判斷「善」的來源，因為祂對於善的選擇無從置喙。但若是後者，則顯得太過武斷：神的任何命令都是善的——包括燒死女巫——但這是現代的我們所不能容許的行為。

Key Points

大哉問：後設倫理學

　　哲學家所思考的，有以下三種截然不同的倫理學：

● **後設倫理學**（Meta-ethics）：涉及何謂「善的本質」這個大哉問、我們如何區分善與惡，以及那些被認定為善的，是否無論何時何地都是善，還有「善」是否存在。

● **規範倫理學**（Normative ethics）：關注的是人們應該認為什麼是善或惡的事物。因此，嫉妒是惡的，向慈善機構捐贈是善的……以此類推。

● **應用倫理學**（Applied ethics）：關乎倫理學在生活中的應用，指引我們應該如何生活，以及應該做什麼。它將規範倫理學所確立的原則付諸實踐。應用倫理學有幾個分支。例如，生物倫理學處理諸如我們是否應該在醫學研究中使用人類胚胎，以及是否應該生產基因改造生物等問題。

仰賴神的命令會引來另外的問題。不同的人信仰不同的宗教——不可能所有的神祇都是道德的最終仲裁者。大多數人會說，只有一種宗教（當然是他們信仰的宗教）設定了正確的道德框架。不同信仰的這個事實，並不代表神旨論是錯的，但確實使問題更難處理。如果我們無法說明，何以「好就是好」，那就值得去思考「善究竟是什麼」，甚至「善是否存在」？這是「共相（抽象概念）是否存在」此一更大問題的一部分。

是否有道德事實存在？

我們很難確定，道德規範是否建立在任何「真實」的基礎上。大多數人都認為，物質世界中的事物有其運作方式——例如，太陽系中有特定的行星排列方式，或者人體以特定的方式處理糖和脂肪。關於這些事情有一些「存在」的事實。倫理也是如此嗎？關於如何過一種道德生活，有著什麼「存在」的真理嗎？某些哲學家認為，有些關於正義、真理、道德等的理想是獨立於人類、社會（和神明）之外的——也許是像摩爾提到的那種與生俱來的觀念，或者是像柏拉圖所說的那種居住在洞穴外的理形世界。在這種情況下，「善」確實存在，而我們必須一探究竟那是什麼。

啊，但什麼是「真」呢？

　　當然，哲學也提出了「究竟何謂『真』」的問題。這裡有兩個重要且相持不下的理論：

- **真理符應論**（correspondence theory of truth）：意指一個陳述若要屬實，則必須與現實世界中可驗證的東西相對應。這就是大多數人所說的「真實」。因此，像「落葉樹在秋天落葉」這樣的說法是真實的。而「落葉樹在秋天是美麗的」這類陳述則不屬實，因為有些人認為樹是美麗的，有些人則否。
- **真理融貫論**（coherence theory of truth）：這個較難解釋和理解的理論主張，必須有一個連貫的系統，其中互有關聯的陳述皆為真，而「單一表述」唯有在系統中站得住腳時才能為真。在此模型中，同為系統的量子物理和古典物理（彼此間存有相互矛盾的元素）都可以為真。量子理論中的陳述，只有在該理論的背景下才屬實。所以我們可以說，「相互分離的粒子可以瞬間共同作用」這句話在量子物理的脈絡下是正確的，因為有著該系統邏輯上的支持，不論系統本身是否為宇宙的正確模型。

　　諸如「不可殺人」（語出《聖經》）這類陳述在符應模型中是不真實的。這句話試圖藉由陳述一個事實：你不會殺人，以使世界遵從它的想法。但假如有人殺了另一個人，這種說法就不真實了。在真理融貫論中，「不可殺人」這句話可能為真。

另一種可能性是，不存在「善」或「惡」這樣的東西，任何「殺人是錯的」或「殺人是好的」之類的說法都是不真實的。即便不「真實」，這些陳述仍有其意義。我們可能需要使「殺人是錯的」成為一種規定，意味著我們不能殺人；或者我們可以將之訴諸為一種情感、表達不滿——「我們不喜歡殺人」。

將「殺人是錯的」重新表述為「不要殺人」或「我們不贊成殺人」可能會更好。

有一體適用的道德觀嗎？

在制定規則的背後，是否存有某種真正的、普遍的道德準則？是否有些事情總是對的或是錯的？是否有可能從中萃取出一套可以且應該在何時何地都能適用的規則？

若確實存在某種整體的道德框架，那麼道德就是絕對的，亦即不會隨著時間和地點而有所改變。但若不存在單一的道德準則，道德就是相對的，也就是隨著不同的文化會產生不同的道德規則。

這對於我們如何看待和對待他人及其他文化產生了影響。同時，隨著社會變得更加多元，這一點更形重要。我們應該在多大程度上尊重、支持及保護他人的道德觀呢？

社會脈絡中的道德情境？

　　在古希臘，人們可以蓄奴，且成年男子與年輕男孩發生性關係是正常的。這些行為不會被視為錯誤。這是否表示他們是錯的，卻沒有人認出這一點？或者這類行為對當時那個社會來說並沒有錯，但卻無法被現今社會接受？如果我們採取一種絕對的立場，堅認要麼古希臘人因蓄奴且是同性戀者的行為是錯誤的，要麼就是我們因沒有跟隨古希臘人的榜樣，而顯得對待人類同胞太過慷慨寬容。但假若採取相對主義的立場，那麼古希臘人做這些事情是可以的，但現在的我們則不被允許做這些事情。

　　在觀察別人是如何應對道德情境時，我們很難跳脫出自己的社會脈絡。也許在兩百年後，我們的後代會感到奇怪，為什麼會有人認為吃動物、像我們一樣開發自然環境，或把菸酒視為合法的藥品是可以被接受的。也或許還有其他一些我們現在想像不到的反對意見。

人文主義觀點的道德觀

　　首位提出文化相對論形式的西方哲學家，要屬十六世紀的法國散文家蒙田（Michel de Montaigne）。蒙田寫作的年代，時值探險家們紛紛帶回了人們在新近發現的土地上

各種奇怪生活方式的故事，他主張寬容：「我們所說的源於自然的良心法則，是由習俗產生的。每個人內心，都會敬重周圍認可、接受的意見和行為。」

蒙田並不相信所有的道德準則和判斷都是同樣合理、令人信服的，但每個人都應該檢視及反思在任何特定環境下的行為是否

> 這一天或許就要到來，屆時其他的動物可以獲得它們遭暴力所剝奪的那些權利。法國人已經有所認知，黑色皮膚並不是一個人應當被拋棄、而不糾正施虐者反覆無常折磨的理由。也許有一天人們會認識到，腿的數量、體毛的疏密，或者有沒有尾巴，同樣不能成為拋棄一個動物、使其限於同樣命運的理由。
>
> ——傑瑞米・邊沁（Jeremy Bentham）英國哲學家，1789 年

適當。這種人文主義觀點賦予每個人權力，以決定自己認為什麼是道德的，只要他們明智地思考這個問題。

表明立場，劃清界線

只要我們容許不同的道德準則存在，寬容和體貼的質量就會成為重要議題。寬容和體諒不同的觀點通常是容易的。比方說，一個非穆斯林無視於他穆斯林同事的齋戒月習俗，便顯得粗魯且不體貼。當一個人的道德準則損害或侵犯其他人的權利時，就會出現更棘手的問題。

在施行「女性割禮」（Female genital mutilation，簡稱FGM）族群以外的人，通常會認為這個儀式是令人憎惡和

焚燒女巫

　　對信徒而言，神話語背後的具體意圖，應該永遠都是善的。許許多多的宗教無不竭力揭示並增進此一意圖。但宗教文本是出了名的模稜兩可、隱晦或自相矛盾，無數的宗教戰爭都源於對這些規則含義有著不同的解釋。

　　因此，「行邪術的女人，不可容她存活」（Thou shalt not suffer a witch to live，譯按：出自《聖經》出埃及記）這句話，十七世紀的人們照字面解釋，但現在則是非法的（順道一提，當時獵巫通常也是非法的）。據估計，在西元 1500 至 1800 年之間，西方世界大約有二十萬名被宣判為女巫的人遭到處決。

假如焚燒女巫的人真心認為這些女巫有罪，那麼此一焚燒行為是否不道德？「道德相對主義」（moral relativism）和「意圖主義」（intentionalism）是否成了獵殺女巫的辯詞？

不道德的。「在某些社會中可以接受」的這個觀點本身，很可能會被他們視為不道德。伊斯蘭教國家的許多領袖人物都公開反對這種做法，但那些實施女性割禮（他們傾向稱之為女性生殖器手術）的組織，則捍衛自己繼續實施這種儀式的權利。

究竟在什麼情況下，一個人擁有不同信仰的權利不再受到支持？在歐洲禁止女性割禮，以及在女性割禮盛行的國家（諸如索馬利亞和衣索比亞）下禁令，有何區別？我們是否有權利，將自身的道德觀強加給其他文化？或者，在某些情況下，我們是否有道德義務將自己的觀點強加於其他文化？（1994年，世界衛生組織通過了一項禁止女性割禮的決議。）

宗教是一個特例嗎？　　　　　Key Points 🔍

猶太教食物所要求的屠宰方法「shechita」，顯然與更人道的屠宰方法（事先擊暈動物）並不相容。在某些國家，法律給予猶太教或伊斯蘭教特例。此一妥協方式乃是將宗教情感置於動物權利之上。但這是正確的做法嗎？宗教到底在哪些方面是「特殊」的？

在中世紀，歐洲十字軍東征以「將人民從詛咒中拯救出來」、並帶到「真正的」信仰中為名，屠殺了成千上萬無辜的非基督徒（儘管更準確來說，十字軍東征是大規模掠奪和搶劫的藉口）。一個真心相信戰爭宣傳的十字軍戰士，會覺得參加十字軍東征和「拯救靈魂」是一種道德上的義務。

有些人會批評自己國家糟糕的工作條件，但同時又會購買外國血汗工廠生產的廉價服飾。這在道德上是連貫一致的嗎？對他們而言，是否國外惡劣的工作條件可以接受，因為另一種選擇──貧窮和饑餓──更糟糕？或者這僅僅是我們為了使自己的良心得到寬慰而提出的一個論點？

規則的反面

　　雖然固定不變的道德準則有助於簡化生活，但是當規則似乎不正確，或沒有考慮情境脈絡時，終會造成兩難困境。「決疑法」（Casuistry）便是在許多不同情況下做出不同道德決策的方法。根據決疑法，每個案例都是獨立處理，並鑑於所有的知識、環境、可能的結果和背景進行審查，以達成似乎正確的決定。決疑法在合法的框架內運作，但不需要遵循任何嚴格的道德規則。比方說，當決定個別病人的治療療程時，決疑法會是醫學倫理委員會使用的方法。這是因為每個病人的情況不同，看起來相似的病例可能會有不同的結果。

2004 年，法國禁止在校園內穿戴具有宗教意義的符號或服裝。這項被普遍解讀為禁止穆斯林頭巾（khimar）的法律，也包括十字架和各種包頭巾。

我們對道德問題的本能反應往往視情境而定。決疑法使這一點正式躍上檯面。假設有一對膝下無子的夫婦，希望國家資助的試管受精能讓他們有一個孩子，而一對已經有三個孩子的夫婦也想要試管受精。這對尚無子嗣的夫妻可能會被優先考慮。但若假設，這對沒有孩子的夫妻是貧困的酗酒者，而另一對夫婦的三個孩子都有致命的遺傳疾病，則我們優先考慮的會是那對有三個孩子的夫婦。

只有一個規則

關於處理「何謂對錯」的問題，方法之一是想想：若你是他人道德選擇的接受端，你會希望什麼事發生在你身上？這個方法雖非萬無一失，因為人們有著不同的優先事項和喜好，但也不失為一個很好的開始。

> 當今世界的現實是，以宗教為基礎的倫理已不再足夠。這就是為什麼我日益堅信，該是尋找一種超越宗教的角度，來思考靈性和倫理的時候了。木
>
> ——丹增嘉措
> （Tenzin Gyatso），
> 第十四世達賴喇嘛，2012

自古巴比倫以來，許多哲學家和宗教都提出了「黃金法則」（Golden Rule）。這是一種互惠原則，意味著這是一種雙向關係，你對別人的義務和別人對你的義務都有其規定。它有以下主動和被動的陳述：

- 想要別人怎樣待你，你也要怎樣待人。

- 己所不欲，勿施於人。

哲學家康德也曾有過類似的想法，他在 1785 年曾說過：「唯有盡其所能根據這個基本原理行事，才能同時使之成為一種普遍法則。」康德稱這個規則為「定言令式」（categorical imperative）。然而，他否認這和「黃金法則」是一樣的，因為它沒有互惠的成分。定言令式無關乎你想要什麼，以及你想要怎樣被對待，而是在意有哪些事物對每個人都是最好的。

Key Points

權利大於行動

雪倫・史密斯（Sharon Smith）是美國主張反對種族主義的活動人士，她力抗法國禁止在校園內穿戴宗教標誌的法律。她說，反對這項禁令的女性是在反抗「國家強加的壓迫」，就像阿富汗女性反對在學校穿波卡（burka，譯按：穆斯林婦女所穿、覆蓋全身只留出眼睛位置的罩袍）一樣。問題不在於一個人是被迫穿上，還是被禁止穿戴某件衣物，而在於穿或不穿特定衣物的選項被除去了。

「一個人應該被施以絞刑,唯有因為他偷了光著腳被送進毒氣室處死的孩子們的鞋。」——瑪莎·蓋爾霍恩(Martha Gellhorn,美國二十世紀著名戰地記者)在1962年阿道夫·艾希曼(Adolf Eichmann,納粹屠殺猶太人的主事者)審判庭上的報導。

Chapter 17

你的「意圖」和行為的「後果」之間有什麼關係？

闖禍之後，說出「但我不是故意的」會有什麼差別嗎？只要我們擁有良善的意圖，那麼行為的後果是不是真的不重要了？

我們都曾有過在無意中做出傷害或惹惱別人的事情。也許你會以「但我又不是故意的」作為理由，希望多少緩和一下局面。而我們也都曾被別人無意的冒失行為傷害過。當他們說出「但我又不是故意的」，我們會有什麼感覺？意圖到底有多重要呢？

意圖和後果

請想像以下的場景：兩個魯莽的朋友結伴外出喝酒，之後各自開車回家。其中一位撞死一名婦女。另一位則是在一條空曠的路上闖紅燈，被警察攔了下來。前者因魯莽駕駛致人於死而銀鐺入獄。後者則是遭受罰款和吊銷駕照。同一天，一個男人和他的妻子起了爭執。當她離開家時，男人也上車尾隨，然後故意撞倒妻子。男人最終因謀殺而被判長期監禁。

頭兩位司機有著相同的意圖：不用花錢坐計程車就能趕快回家，但他們相同行為的後果卻截然不同。第三位司機則有不同的意圖：傷害妻子，但他的結果卻與第一位司機相同。當我們評定這些行為的道德性時，該如何評價意圖和後果呢？一位酒醉司機應該因為他倒楣且撞到一位行人而被判更長的刑期嗎？或者，另一位酒駕司機應該被從

輕發落，就只因為他夠幸運？有謀殺意圖的司機是否應該被判處比酒醉司機更長的刑期，儘管他們兩人造成的後果是一樣的？

意圖重要嗎？

康德認為，只要我們擁有良善的意圖，則行為的後果並不重要。因此，如果一個人為了救一名溺水者而下水，那麼不管他最終是否成功救起這個人，他的行為都是值得被表揚的。

即便是嚴重受損的意圖，也依然重要。如果有人試圖做好事，卻在無意間造成了傷害，則這個行為還是好的，因為立意良善。同樣的，如果某人密謀一件壞事，最終行動失敗了，但陰錯陽差地得到一個有益的結果，這種行為仍然是不道德的。

全都是你

康德主張的是「意圖主義」（intentionalist）觀點，亦即一項行為其道德性的開始和結束，都有背後的意圖。這使得每一個行為都與施作者有關，而不是與受影響的人有關。判斷一項行為，也就是判斷實施行為的人。

完全相同的行為，有可能被認為道德上的好或壞，全取決於實施這項行為的人，其背後的意圖。如果我們採用純粹意圖主義的觀點，上述兩個酒醉司機將會受到同樣的對待——全遭判禁止駕駛或全被監禁。

承擔後果

與上述相反的觀點是「結果論」（consequentialist）——結果（後果）在決定我們如何判斷行為時極其重要。在純粹結果論的計畫中，行為背後的意圖無關緊要。在某種程度上，這會引發我們的正義感。意味著酒駕撞死人的司機比沒有肇事的司機受到更嚴厲的懲罰，因為前者造成了更多的傷害。

酒後駕車的行為涉及更大範圍的正義、嚴懲和威嚇。我們的法律罰則需要考慮到實際和可能的後果。處罰過輕將暗示該罪行不算嚴重，這會讓受害者感到被輕視，且毫無嚇阻其他人採取同樣行動的效果。

但過於嚴厲的處罰則會適得其反。如果每個被判酒駕的人都像殺人犯一樣被判刑，那就會導致其他罪行。例如哪怕只是一場輕微的事故，人們只會害怕他逃離現場，不會坦然負責。

高瑟爵士：英雄還是惡棍？

Key Points

　　中世紀故事《高瑟爵士》（*Sir Gowther*）所談的是關於「意圖主義」與「結果論」的兩難困境。高瑟的母親受惡魔矇騙、與之交媾後，生下高瑟。當高瑟還在嬰兒期時，便已做盡各種壞事，例如把修女推下懸崖。這也不難解釋，畢竟他是惡魔之子。然而，他的行為並沒有隨著年齡的增長而有所改善。最後，有人向高瑟直接挑明了說，他之所以這麼壞，乃是因為他是惡魔，他無非只是按照命運劇本演出罷了。這使他極為困擾，因為他唯一的抱負就是以一種令人震驚且反常的方式行事。為了盡可能與先前的自己相反，他決意洗心革面，當個好人。從那之後，他跌破所有人的眼鏡，做了許多善事。

　　高瑟爵士的行為是否道德高尚呢？他的立意並非良善，他做好事的意圖只是為了反轉先前的行為。

　　認為死刑是不公平的信念，會導致人們拒絕執行死刑。陪審團逐漸傾向於認定「明顯有罪」的人無罪，已經通過的判決經常遭到減刑或放棄：西元1770至1830年間的三萬五千件死刑判決中，只有七千件被徹底執行。與其通過死刑，法院開始強制將罪犯流放到當時為英國殖民地的澳大利亞。這項法律在1823年進行改革，廢除了除謀殺和叛國罪以外所有罪行的死刑。

你的「意圖」和行為的「後果」之間有什麼關係？　**183**

我們如何判斷後果？

我們如何判斷後果的好壞？再說，又是誰下了這個判斷？權衡對不同的人或群體的影響是一例，亦即運用「效用主義」的方法（請見第159頁）。同時，還有長短期不同的後果，使得同一種行為有了不同的層次。

結果或多或少是可以預測的。然而有時候，我們不大可能預知自己行為的後果。假設希特勒小時候掉進河裡，一名路過的好心撒馬利亞人（Good Samaritan，譯按：典故出自《聖經》路加福音第10章，意指沒有分別心的見義勇為者）救了他。短期來看，這是一個好的行為，有好的

結果，人們會表揚這名孩子的救命恩人。但事後看來，我們或許會說，如果拯救希特勒的後果包括引起第二次世界大戰和大屠殺，「讓他淹死反而更好」。當然，沒有人會因為無法預測遙遠的未來而受到指責吧？強硬派的結果論者會說，如果一個行為的後果是壞的，那麼這個行為就是錯的，不管它是否被任何人預見。但很少有人會讓一個孩子被活活淹死，只因為他長大後有可能成為一名戰犯。

Key Points

向古代中國借鏡

西元前五世紀，中國古代哲學家墨子提出了結果論的最早形式。他並不注重個人的利益，而是從行為對整個社會影響的角度來考慮其後果。社會得益於穩定的社會秩序、充足的財富，以及人口的增長。由於他生長在戰亂與飢荒頻仍的時代，當時一個國家若要生存而不被鄰國占領，人口增長會是一個重要的考慮因素。

現在，假設你買一個廉價玩具給孩子。你沒注意到它粗製濫造的品質。最後它導致孩子受傷了。這個後果是可以預見的——其他人可能已經注意到這個玩具有缺陷——但他們沒有預見或故意為之。這種行為不道德嗎？

假如你確實注意到玩具有問題，但你認為這沒什麼大不了呢？如此一來，該行為的後果是可以預見的，但並非有意的。那麼，把有缺陷的玩具給孩子玩是錯的嗎？只有當你預期孩子會被玩具傷害時，後果才會是可預見且有意為之的。

誰應該計算可能的後果？如果我們讓每個人自行處理，那麼大家會認為「聰明的人」必須對自己的錯誤承擔更大責任，因為他們被視為更有能力預見後果。

一些哲學家建議，一個假想的知識淵博又公正無偏見的觀察者應該是法官。這很像英國法律中的理想陪審員「克拉彭巴士路人」（the man on the Clapham omnibus）——一個相當正常的人，沒有圖謀，也沒有任何可能導致奇怪判決的精神疾病等等。其他哲學家則認為，只有全知的觀察者才能做出真正的判斷。這使得任何人都很難確定，他們在評估自己行為可能產生的後果時是否足夠謹慎。

第一種立場更自由，因此也更可行，也就是如果有人已經採取了適當的措施，來找出可能的後果，便是負責任的行為。酒駕發生事故的可能性並非微乎其微。因此，酒後駕車的司機便屬失職、忽視風險，因為一個有知識的觀察者本可以預見事故的發生。你從溺水中救出的孩子長大

成為戰犯的可能性很小，而且是不可預見的，所以從河裡救出希特勒仍屬好的行為。

結果論的結論是：沒有行為是天生正確或錯誤的，因為行為的結果將決定其道德性。在某些情況下，即使看似全然不道德的行為，也可能是正確的。

我們應該遵守規則嗎？

如果我們不得不考慮每一個行為所帶來的可能（和潛在）後果，生活將是單調乏味的。反之，我們可以參考社會已然建立的法律或宗教規則，當作捷徑。這稱為「**規則結果論**」（rule consequentialism）。

我們的規則系統通常植基於結果論方法：我們會根據不同情況下可能發生的事情來設計規則。這些預測乃是來自過往的經驗。由於酒駕通常會帶來嚴重的後果，因而已被判定為違法的行為。但在某些情況下，這些既定規則並不是很好的指南。每個國家都有禁止殺人的法律──但如果一名槍手向滿是學生的教室開槍，老師為了保護學生而殺了這名

> 規則結果論最好的論點在於，它比其對手在匹配與連結我們的道德信念方面做得更好，同時在我們面臨道德分歧和不確定性時提供幫助。
>
> ──布拉德‧胡克
> （Brad Hooker）
> 雷丁大學（University of Reading）哲學教授

槍手，老師將被視為英雄，不會受到任何指責。

個別評估行為也被稱為「**行為結果論**」（act consequentialism）。殺死槍手的老師便是遵循此一原則。若要讓行為結果論作為日常生活選擇如何行動的基礎，顯然並不實際，因為每個人在做任何事情之前都必須評估每一項行動的可能（與潛在）後果。如此一來，生活將會非常緩慢且不可預測，因為人們會逐一評估各種情況和行為，並得出不同的結論。

在某些情況下，「拖延決定」本身就會產生不好的結果。一個有實踐智慧的人會比一個毫無經驗、年輕，或不那麼聰明的人做出更好的選擇，所以效果是不均衡的。許多人會優先考慮對自己和家人有利的結果，而規則結果論則優先考慮對整個社區或大多數人有利的結果。在特殊情況下，例如教師面對槍手時，行為結果論就能給予最好的結果。

哲學家R.M.黑爾（R.M. Hare）和彼得・辛格（Peter Singer）採取一種折衷的立場，稱為「**兩層結果論**」（two-level consequentialism），結合了行為結果論和規則結果論。假如行為的結果能夠明確預見，那麼行為結果論便成立。但倘若結果難以預測，此時規則結果論便會介入。

Key Points

　　在某些情況下，作為與不作為在道德上是等同的。因此，如果你可以藉由不做某些事來拯救某人（例如供出罪犯的下落），那麼「不採取行動」就是一種道德行為，就等同給罪犯一個藏身之處一樣。但在某些情況下，作為和不作為會被區別對待。例如，在醫學倫理中，同樣的結果（例如絕症患者的死亡），可能源自於拒絕治療，或關閉生命支持系統，或將枕頭蓋在患者臉上。醫學倫理委員會或許會同意頭兩項行動的其中一個，但不會贊成第三個行動。第一項屬於不作為，第三項是作為，而第二項則是介於兩者之間——不作為成了作為。

Chapter 18

愛情和戰爭會有所謂的「合理公平」嗎？

當我們說「目的可以合理化手段」，並以此作為做錯事的藉口時，這是真的嗎？還是說這是暴力專制的祕方？

目的和手段

可想而知，主張「行為的道德性取決於其結果」的觀點被稱為「結果論」（請見第17章）。當我們說目的能合理化手段時，目的就是預期的結果。

目的是否能將手段合理化，將取決於以下因素：

- 目的是否合理？
- 目的是否達成？
- 使用的手段？

假設一個國家入侵另一個國家，意圖推翻一位可怕的獨裁者（暫時不考慮該國是否有權干涉另一國的內政）。假設入侵國能迅速達成目的，且沒有導致任何流血事件，則鮮少有人會對此舉感到懊悔。

但倘若入侵國在尋求解放的過程中殺害了十萬名平民，其目的是否能合理化它的手段呢？假如入侵國殺死了十萬名平民，卻仍未能推翻暴君，那該怎麼辦？雖然意圖一樣，但造成的結果卻大不相同。

有所謂「正義戰爭」存在嗎？

什麼時候戰爭是完全正當的呢？認為戰爭永遠不可能正當，這或許是好事。但是大多數人會接受這樣的事實；認為如果沒有人準備好戰爭（即便只是為了自保），那麼我們很快就會被暴君統治。為戰爭辯護的想法由來已久，旨在調和兩項互為衝突的原則：

- 殺人是錯誤的。
- 國家有責任捍衛自己的公民和正義。

有時，武力和暴力似乎是保護無辜生命的唯一途徑。

古羅馬演說家西塞羅（Cicero）認為，我們唯一能接受戰爭的理由就是正義復仇或自衛，其中包括捍衛榮譽。

西賽羅說，一場戰爭只有在宣戰，且針對錯誤進行補償卻被拒的情況下，方能證明是正當的。戰爭應該是最後採用的手段。

神學家聖奧古斯丁則認為，戰爭皆是罪惡、不道德的，但他也承認「戰爭總是會發生」。他認為只要戰爭的發起能阻止犯罪，有時是被容許的。這可能意味著擊退侵略者或推翻暴君等等。但是「罪」這個詞是有問題的。十

字軍戰士認為穆斯林是有罪的異教徒，如果一場宗教戰爭能使他們改變信仰，便能阻止罪惡。這個理由現在看來顯然是不能被接受的。每一種宗教都可以提出同樣的觀點：我們將永遠為防止「人們追隨錯誤的宗教」這樣的罪而戰。聖奧古斯丁還允許戰爭作為一種懲罰，這在現在看來是不正當的理由。無論是西塞羅還是聖奧古斯丁，都不會認可一場以殘暴或擴張國家領土為由而發動的戰爭。

2003 年，伊拉克殘暴統治者海珊（Saddam Hussein）的雕像被人民推倒在地。海珊政權是在美軍入侵伊拉克時被推翻的。

聖奧古斯丁認為，如果一場戰爭是兩害相權取其輕（假如它防範或遏止了更大的罪惡），那麼這場戰爭就是正義的。八百年後，聖多瑪斯·阿奎納檢視了戰爭中使用的手段——「戰時法」（jus in bello）。在十六世紀，這些變得非常普遍的原則已獲得確立。

> 我們尋求和平，並不是要打仗；我們打仗，乃是要得和平。所以你們爭戰的時候，要以和平為念，好叫你們能降服那與你們爭戰的人，使他們得享平安。
>
> 當一個民族或國家因拒絕為其人民所犯的錯誤作出補償，或歸還其不公正地奪取的東西而必須受到懲罰時，正義之戰常被描述為一種為錯誤復仇的戰爭。
>
> ——聖奧古斯丁，四世紀

Key Points

「正義戰爭」的要素

一場戰爭只有滿足以下兩個條件，才能被視為正義：

- **戰爭法**（Jus ad bellum）：使用武力是正當的。
- **戰時法**（Jus in bello）：戰爭中的行為是合乎道德的。例如，戰俘受到公平對待。

判斷目的

若要判斷目的的好壞，我們需要能夠衡量「好」這件事。這並不像聽起來那麼簡單。總的來說，活著比死亡好，自由比待在監獄裡好。儘管如此，還有一些事情是有爭議

的。比方說，我們應該推翻獨裁者，讓國家擁有民主體制嗎？是誰說民主是一件好事的？

非常措施

在戰爭和緊急情況下，通常會施行不同的措施。士兵因逃兵而被槍決；搶奪者因洗劫地震後的廢墟或未設防的商店而被射殺；無辜的人民被審問及監禁，以防他們可能構成國家威脅。第二次世界大戰期間，住在美國的日本人和住在英國的義大利人被轉移到拘留營，儘管沒有證據表明他們在為敵人工作。大多數人認為這是兩害相權取其輕——監禁無辜者的危害比傷害全體人口要小。這是一種以「效用主義」的方式來決定目的是否能合理化手段。

另一種措施甚至不是為了合理化手段。有些政治哲學家認為，在戰爭中，只要目的（發動戰爭的原因）正當，那麼任何手段都是正當的。假如為了確保能迅速獲得勝利，必須以犧牲無辜的平民作為代價，那也只能如此。另一些人則認為，有些行為（例如轟炸醫院）永遠無法合理化。具體來說，戰爭的殘酷往往大於倫理道德立場。有些哲學家持實用主義觀點，認為道德判斷不適用於戰爭。另一些人則衍申得更遠，認為戰爭完全不隸屬於道德範疇。

第二次世界大戰末期，日本原爆的受傷居民。在任何軍事行動中，核武所造成的大規模人員傷亡是否都是正當的？

獨裁者的觀點

　　義大利哲學家馬基維利（Niccolo Machiavelli）在《君主論》（The Prince）中為政治領袖提出指引，他認為只要目的正確，目的總能證明手段是正當的。

　　對於君主（政治領袖）來說，這意味著保有權力。與其說馬基維利道德敗壞，不如說他根本毫無道德。他所建議的方法完全是為了成就一名成功的統治者。他排除了專制主義，不是因為它是錯誤的，而是因為專制者容易樹立敵人，而且很可能被推翻。

> 一個新的君主不可能擺脫殘酷的名聲，因為只要用幾個顯著的例子來平息動亂的人，最終會顯得更加仁慈。
>
> ——馬基維利，1532 年

酷刑有其正當性嗎？

使用諸如「水刑」（waterboarding）和「非常規引渡」（extraordinary rendition，亦即將嫌疑人送往允許使用酷刑的國家）等手段，會令人對戰爭中允許的行為類型，以及在確保目的方面可能合理或不合理的手段產生疑問。

效用主義的論點有可能作為支持酷刑的論據。假使酷刑能引出保護無辜者的訊息，那麼對受折磨的囚犯所造成的傷害，有可能被更大的利益所抵消。反對酷刑的理由可以是務實的（比方說酷刑行不通），或是合乎道德的。有一種觀點認為，我們自己的道德地位會因為從事諸如酷刑等不道德的行為而降低。也就是說，這會對施予酷刑者的精神造成傷害。那些偏好嚴刑逼供的人通常會聲稱這些手段是「其他的東西」，比如「增強審訊技術」。此舉也表示，酷刑是不被接受的（且是非法的，根據國際條約所示），並試圖轉移負面宣傳──虛假的公義會加重不道德嗎？

Chapter 19

我們能創造一個「完美」的社會嗎？

「貧窮」會永遠跟著我們嗎？或者，我們能創造出一個兼顧群體需求和個人需求、對所有人都公平的世界？

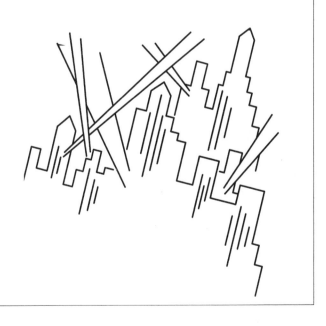

我們之中的太多數人無不抱怨現代社會，以及自己的國家和地方政府——這已不是什麼新鮮事。歷史上的每一屆政府都可能在成績單上寫著「本可以做得更好」。但是，任何社會都有辦法做得夠好嗎？

想像一座城市

距柏拉圖撰寫《理想國》（*The Republic*）迄今已有兩千四百年。他在書中探討如何能以最好的方式治理一個假想的國家。在柏拉圖的模型中，哲學家皇帝是掌權者，其所能做的事受到相當大的限制。在他看來，只有哲學家才能看到正義的「理形」（形而上的理想），而這使得他們有辦法在社會中盡可能地接近正義。柏拉圖不喜歡民主，認為民主是僅次於暴政、第二糟糕的政府形式。

儘管暴君看似享有美好的生活，但柏拉圖向我們保證，暴君「永遠品嘗不到真正的自由或友誼」，就像凱撒大帝（Julius Caesar）付出代價後所學到的那樣。

十六世紀英格蘭政治家湯瑪斯‧摩爾（Thomas More）在《烏托邦》（Utopia）一書中所描述的，乃是另一個著名的虛構社會。我們尚不清楚，摩爾的本意是將其作為一種理想，或僅僅是對當代英國的一種諷刺批評。在烏托邦中沒有私人財產；所有的商品貨物都放在倉庫裡，分發給需要的人。所有的屋舍都是一樣的，屋主必須每十年搬家一次，以防對於住所過於依戀。每個家庭都配有兩名奴隸，他們若非來自鄰國，就是出自烏托邦的罪犯。每個人的穿著都一樣，必須定期到農場勞動。

人們被要求學習一門有用的手藝，所有身體健全的人都必須工作，男女平等地從事各種工作。那些年紀輕輕就已看出學習得很快的孩子會接受專門教育，日後成為統治階級的官員。官員只有在他們做好本份時才能繼續任職。黃金被用來做為罪犯的鎖鏈，因此並不受人尊敬；只有孩子們會佩戴珠寶，但到了青春期就不再需要了。

> 當幾個村莊聯合而成一個完整的社區，大到幾乎（或完全）自給自足時，國家於焉產生，起源於生活的基本需求，為了美好的生活而繼續存在。因此，如果社會的早期形式是自然的（即家庭和村莊），國家也是如此，因為國家是家庭和村莊的最終形式，事物的本質就是它的最終形式。因為每件事物在充分發展時，我們稱之為它的本性，無論我們是在談論一個人、一匹馬，還是一個家庭。
>
> ——亞里斯多德，
> 《政治學》（Politics）

理想共和國 ⋯⋯⋯⋯⋯⋯⋯⋯⋯⋯⋯⋯⋯⋯⋯⋯

在柏拉圖的理想共和國中，沒有所謂的男女之分，所有人接受同樣的教育，扮演相同的角色。沒有奴隸；取而代之的是社會階層制度（將所有人分成四種狀態或等級），社會流動性非常低。

孩子們在不知道自己父母的情況下被集體撫養長大，而成人則根據遺傳標準進行配對繁殖。此舉杜絕了可能導致任人唯親的家庭關係，同時形成了對國家和公共「利益」的強烈忠誠關係。年輕人只學習實際有用的事物──不碰詩歌或其他不必要的藝術。統治階級不被允許擁有財富，因為財富會導致腐敗，但生產者可能是富人或窮人。哲學家皇帝乃是從武士階級中挑選出來的，受到最嚴格的限制。他們接受五十年的教育之後，才被號召執行統治。

後續出現大量虛構的城市國家，有的真心提出理想形式的政府，有的則是諷刺自身所處的糟糕社會。在為如何治理理想國家提出建議時，不禁令人想要發問：一個「完美的社會」有可能存在嗎？

> 摩爾的烏托邦生活，就像其他大多數烏托邦生活一樣，將是令人難以忍受的乏味。多樣性對幸福來說至關重要，而在烏托邦幾乎沒有多樣性。
>
> ──伯特蘭·羅素

湯瑪斯·摩爾的《烏托邦》
與蘇聯等共產主義國家有許
多相似之處。

集體好嗎？

柏拉圖和摩爾都採取了一種「集體主義」的方法——
他們把社會視為一個獨立的有機體，而不僅僅是組成它的
個體的總和。認為對全體社會有利的事情也最有利於公民
個人，這固然不錯，但實情似乎並非如此。

或許很少有人會願意生活在這樣的社會：伴侶是根據
基因選擇的；自己的孩子被帶走，讓社會共同撫養；不能
自由選擇自家裝飾或身穿的衣服或所做的工作。這些策略
旨在減少嫉妒、不和與分裂，企圖打造一個運轉平順、能
滿足所有人需求且成功的社會。但這不是我們所有人都會
選擇生活的地方。

今日，我們更加看重個人自由和選擇，重視表現出我
們的個性。大多數人反對國家過多的監管，並輕蔑地將之

比作某些共產主義國家監管過度的政府。或許我們的觀點已經改變，因為現在至少在已開發國家，我們的許多基本需求已獲得滿足。自柏拉圖時代以來，我們的優先考慮事項已發生變化；我們已變得越來越挑剔且難以滿足。

為什麼我們需要社會？

如果社會總是處在群體需求和個人需求之間的拉鋸緊張狀態，為什麼還需要社會呢？

亞里斯多德認為，人們自然而然聚集在一起以形成社會。我們受益於集體生活，它給予我們安全感，提供更廣泛的商品，以及讓我們享有友誼、陪伴的好處。因為這個緣故，我們願意用一些自由來換取生活在一個社會且締結「社會契約」關係所帶來的更大利益。

十七世紀英國哲學家霍布斯（Thomas Hobbes）則採取較陰暗的觀點來看待人類。他認為，假如我們不生活在社會中，則每個人都是自私自利的，彼此之間永遠會陷入爭鬥，不做任何有益的事情。社會對於人類較為合適，因為它意味著我們不必生活在時刻提防著有人拿著棒子靠近的恐懼中。我們放棄自然權利以換取一種社會契約，這種契約使我們受到保護我們的道德義務的約束。霍布斯列出了

自然法則，儘管他說它們不能被稱為「法則」，因為沒有人會去執行。頭兩項是最重要的：

(1) 每個人都應該被認為是對一切事物擁有權利的人。

(2) 每個人都應該放棄這項權利，假如其他人也這麼做的話。

人們希望加入具有相同政治或經濟目標的國家聯合體，並選擇被另一個或其他國家統治的原因是「對於維護自身及擁有更滿意生活的遠見」。

霍布斯認為人類擁有各式各樣的慾望，若要試圖建立一個能滿足所有這些慾望的社會乃是徒勞。相反的，他認為社會可以因著避免最壞的罪惡——死於非命——而建立，因為在這一點上很可能會達成人們的共識。

> 在這樣的情況下（例如：自然人，社會以外的世界），不會有企業的存在，因為成果並不確定，也因此，地球沒有文化，沒有導航，也不會使用可能從海外進口的大宗商品，沒有寬敞的樓房，任何移動或移走這類東西的工具都不需要很大的力氣，沒有地球表面的知識，不會考慮時間，沒有藝術，沒有字母，沒有社會，最糟糕的是，持續的恐懼和死於非命的危險，以及人類孤獨、貧窮、汙穢、野蠻而短暫的生活。
>
> ——湯瑪士·霍布斯
> 《利維坦》(Leviathan)，1651年

我們是「被迫獲得自由」的？

　　與霍布斯全然不同的觀點是，人類在「自然狀態」下要比在社會中更高貴。十八世紀法國哲學家盧梭認為，社會的約束把我們最壞的一面帶了出來。藉由簽訂社會契約，我們放棄了與生俱來的自由。所有現存的社會（盧梭所指的是十八世紀中期的社會）都在奴役人民，卻沒有給予他們應得的自由。

盧梭認為，社會藉由向我們灌輸「渴求別人已擁有之物」的思想，導致我們變得不滿足、嫉妒、貪婪和不快樂。我們在「自然」狀態下不會有這種消極的感覺。

　　在一個公正的社會中，法律是為所有人的利益而制定

及執行的，因此，藉由選擇生活在一個社會中並接受社會契約，我們便獲得了自由。事實上，我們是「被迫獲得自由」的，因為我們被迫遵循「使我們獲得自由的法律」。盧梭否認我們有個人權利，因為在適當構成的國家，個人權利是不需要的。

革命的權利

哲學家休謨和約翰・洛克所採取的立場居於霍布斯和盧梭之間，他們認為社會契約，也就是社會，必須保證個人擁有和掌控財產的權利。當人們聚集在一起形成一個社會時，必然有某種「主權」（sovereign）或領導力。元首的權力會受到這些人民擁有和掌控財產權利的限制。如果政府違反了哲學上的「第一原則」（first principle，意指任一系統中最基本的命題），人們就有權起義反抗，推翻政府，使這些原則得以重新確立。

由誰選擇？

大多數國家都無法從零開始選擇一種政府形式，但如果可以的話，美國哲學家羅爾斯（John Rawls）有一個解決方案。他提出了「作為公平的正義」（Justice as Fairness）理

論，在保護個人權利的同時促進資源的公平分配。一個新的社會秩序將由人們從羅爾斯所謂的「原初立場」（original position）開始設計，在「無知之幕」（veil of ignorance）後面運作：他們必須在不知道自己社會地位的情況下設計司法系統。他們可能最終成為統治者，或是社會中最底層的工人或失業者。

Key Points

左派和右派

　　左翼和右翼在政治上的對立主張，反映了他們對社會角色的不同看法。左翼傾向於公有制和公部門供給，以自上而下的方法來修復社會，使其運轉。極端的例子是共產主義，因生產工具（means of production）歸國家所有，營運目的在於為全民謀福利。右翼政策則是支持私有制，以及對社交工程的不干涉主義、自由放任態度，相信自由市場最終將能引導一切問題自行解決，形成一種有效的均衡。右翼政策可說是一種達爾文式的「適者生存」進化模式。

一個社會對其最貧窮的成員負有什麼責任呢？此一「市場力量最終將導致均衡」的假設，在維多利亞時代的倫敦給窮人帶來了極大的經濟困境。

Chapter 20

你真的相信且渴望實踐「平等」嗎？

我們或許相信平等，但我們之中有多少人是真正提倡平等呢？例如，實現我們個人潛能的平等機會，勢必需要不平等的條件……

所謂的「平等」是什麼意思？

社會中的平等代表許多事情。比方說，它可以是權利平等、機會平等，或是獲得資源的機會平等。但是人權究竟從何而來？我們真正擁有什麼樣的權利和平等呢？

《世界人權宣言》明列出現代世界所認可、人民應享有的權利：

> 請記住，那個被你稱為你的奴隸的人，也是源自同樣的血統，身處在相同的天空下，和你一樣呼吸，一樣生活，一樣死去。
>
> ——塞內卡（Seneca）
> 西元一世紀

- 人人生而自由，在尊嚴及權利上一律平等。（第一條）
- 人人有資格享有本宣言所載的一切權利與自由，不分種族、膚色、性別、語言、宗教、政治或其他見解、國籍或社會出身、財產、出生或其他身分等任何區別。（第二條）
- 任何人不得遭受酷刑或殘忍、不人道或有辱人格的待遇或處罰。（第五條）
- 任何人都不應受到任意逮捕、拘留或流放。（第九條）
- 每個人，做為社會的一員，有權享受社會保障，並

有權享受他的個人尊嚴和人格的自由發展所必需的經濟、社會和文化方面，各種權利的實現，這種實現乃是經由國家努力和國際合作並依照各國的組織和資源情況而來。（第二十二條）

……等等。

我們生而自由且平等嗎？

早在古希臘時代，亞里斯多德便已指出，「並非所有人生來平等」。有些人生來即是奴隸，「為」奴隸而生，有些人則生來就是主人。但正如盧梭後來所指出的，這是混淆了因果關係。一個生為奴隸並以奴隸身分受撫養長大的人自然會成為奴隸，但如果同一個人在出生的那一刻從奴隸父母那裡被奪走，沒有了奴隸身分的他，仍與原來的他沒有什麼不同——沒有人是天生的奴隸。

亞里斯多德關於奴隸身分的思想很快就受到挑戰。斯多噶學派提出所有人的基本權利平等：「我們為正義而生，而這種權利不是建立

> 我們認為下述真理是不言而喻的：人人生而平等，造物主賦予他們若干不可剝奪的權利，其中包括生存權、自由權和追求幸福的權利。
>
> ——《美國獨立宣言》
> 1776 年

在個人的意見之上，而是奠基於自然。」（西塞羅）

認為社會地位不是個人天生固有的特徵，不能公平地強加於任何人，甚至是那些在戰爭中被俘的人，這種觀點是具革命性的。

自然、不可剝奪的權利

「所有人生來就擁有自然的、不可剝奪的權利」這個觀點在啟蒙運動時期開始流行起來。約翰‧洛克稱這些權利為「生命、自由和財產」──這三者之後被寫進美國獨立宣言。不可剝奪的權利是那些在簽訂社會契約（即公民與政府之間的契約）時不能放棄或剝奪的權利。為奴隸制辯護、主張奴隸自願放棄權利的說法，被認為是無效的，因為這些自然權利不能放棄。

其他不可剝奪的權利還包括信仰的權利，以及個人人格的權利。許多政權都試圖逐漸削減這兩種權利。對不同宗教的信仰者進行迫害，在歷史上屢見不鮮；而在二十世紀，壓制人民的個性是極權主義國家的標誌。

> （所有人）都有某些天生固有的自然權利，這些權利不能經由任何契約被剝奪，或藉以出賣子孫後代。
>
> ──《維吉尼亞權利法案》
> （ *Virginia Declaration of Rights*, 1776）

「自然權利」是毫無根據的廢話？

認為我們有自然權利，或者有自然法則的觀點，依賴於我們接受「自然」、「權利」或「公正」的存在；依賴於宇宙的存在，或者可能是上帝的存在，或者是制定權利和規則的自然實體的存在。

邊沁將自然權利的想法稱為「毫無根據的廢話」（nonsense on stilts），他聲稱權利只能由政府創造或透過傳統發展。權利不可能有什麼不可剝奪的，因為它們並沒有任何特殊地位。如果權利不是自然的，那麼它們多少也是與文化有關，亦即會隨著時間和地點的不同而有所不同；在有不同的傳統和法律制度的地方也不同。

> 認為奴隸制充滿人的整個生命是錯誤的；其較好的部分是可豁免於此：身體確實受主人的支配，但心靈是獨立的，甚至是自由和狂野的，以至於無法被身體這個限制心靈的牢籠所束縛。
>
> ——塞內卡

權利可能是「正確的」？

對邊沁來說，權利只有在人們相互交流或簽訂社會契約時才會出現。想像一下：《魯賓遜漂流記》中的主角將自己隔離在荒島上，那麼他是否擁有權利？還是說自然權利在他處於孤獨狀態時毫無意義？當小說中的土著「星期

五」出現時，魯賓遜是否有「權利」把他視為僕人對待呢？《世界人權宣言》所指涉的權利是否將他虛構的島嶼包含在內，給予他擁有財產的權利？它是否賦予「星期五」擁有島嶼內任何事物的權利？

政治哲學家卡利克勒斯（Callicles）生活在兩千五百年前的雅典，他認為最強大的人必將（且應該）占據主導地位，這是唯一的「自然」狀態。社會達爾文主義採用了「適者生存」的概念，並將其運用於社會（儘管不是以達爾文想要的方式），以合理化強者對弱者的勝利。如果人們擁有「某些不可剝奪的權利」，那麼這些權利從何而來？如果它們是社會所賦予的，那麼它們既非普遍也絕非自然。

> 每個人都要對自己的信仰負責，必須親眼見到自己所相信的是正確的。就像別人不會為我去地獄或天堂一樣，他也不會為我去相信或不相信；正如同他無法為我打開或關閉天堂或地獄之門，他也無法驅使我相信或不相信。那麼，既然相信或不相信是每一個人的良心問題，也因為這並沒有削弱世俗的力量，後者應該滿足且專注於自己的事物，允許人們相信他們能夠和願意相信的事，而不以武力約束任何人。
>
> ——馬丁・路德（Martin Luther），1523 年

自然「不平等」

縱觀人類社會，即便我們生來享有平等的自然權利，也並非生來就具有平等的能力。有些人比其他人更強壯、

更聰明或更懂音樂。我們的個人素質和能力並不平等，社會重視某些人甚於其他人。

不同的文化重視不同的素質。在過去，「體力」是一種比現在更有價值的特性，因為今日我們不需要擊退野獸，也不需要獵殺動物來獲取食物。有些目前被看重的素質或許看來不合邏輯：我們付給職業運動員很多錢；我們極度重視某些演員、作家、畫家和音樂家。我們所有人並非在天賦上都是平等的，這一事實創造了價值，而價值又衍生出更多類型的不平等。

> 權利並非教條、而是權力的產物。所有關於己所不欲、勿施於人的法律、戒律或教義，都沒有任何固有的權威，我們只能從棍棒、絞刑架和刀劍那裡領受。一個真正自由的人沒有義務服從任何禁令，無論這禁令是來自人還是神。服從是墮落的記號。不服從是英雄的標誌。
>
> ——托爾斯泰（Leo Tolstoy）關於社會達爾文主義小冊子《強權即公理》（*Might is Right*）所提出的立場總結

平等的機會？

享有平等機會或平等待遇的權利並沒有獲得普遍認可，但某些法律制度將其奉為神聖。平等機會實在很難做到，因為所有的孩子都是從不同的起點與不同的父母開始他們的人生。富人為孩子接受更好的教育買單，使其享有其他人無法獲得的明顯付費優勢，這樣做對嗎？

一九二〇年代到一九七〇年代，以色列吉布茲（kibbutzim，譯按：純猶太人聚落，是一種混合烏托邦主義、共產主義和錫安主義而建立的社會主義農場集體聚落）的孩子們被集體撫養，每天只花兩、三個小時和父母在一起。努里特・萊瑟姆（Nurit Leshem）在一個集體農場長大，他說：「我們被教育成一樣的人；但儘管如此，我們每個人還是與眾不同。」

機會是什麼？能有多平等？

我們很難給「機會均等」下定義。實現我們個人潛能的平等機會勢必需要不平等的條件——擅長音樂的兒童將從音樂課程中受益，而音樂課程對精通運動的孩子來說可能沒有好處。

正如同其他與現有社會有關的所有問題，我們並非站在公平競爭的起始點上。有些人天生就有優勢，有些人可能因為歷史原因而屈居劣勢。解決方案之一是「積極性差別待遇」（positive discrimination），或是以美國哲學家羅爾斯所說的「公平均等機會」（fair equality of opportunity），試

圖彌補劣勢。這是一項有爭議的措施，遭致大眾反對——尤其是它所做的正是它原本應該反對的事——因為該措施基於出生、種族、性別等原因，而偏袒特定人士。

> 國家內的每位成員都必須能被允許獲得任何程度的地位……根據他的才能、他的勤奮，以及他的運氣而來；他的同胞可能不會因為他的世襲特權而從中阻礙。
>
> ——康德

政治哲學家諾齊克（Robert Nozick）和經濟學家傅利曼（Milton Friedman）反對平等機會措施，因為他們認為這些措施限制了人們選擇雇傭對象的權利，並阻礙了他們在認為合適的情況下使用自己財產的權利。

有些人比其他人更平等

喬治·歐威爾在其小說《動物農莊》（Animal Farm）中，譏諷史達林和列寧統治下的蘇聯，展示了一場追求人人平等的革命如何迅速導致一個壓抑的社會，在這個社會裡，有人挨餓，也有人富裕。

經濟學家發現，要創立一個不存在「橫向不平等」的社會（能力相當的人在相同起始點上的不平等），甚至為其建立模型都是不可能的。諾齊克提供一個例子，說明不平等如何產生（他也利用這個例子來反對試圖強制實行財

富平等的做法）。

假設社會開始運作時，每個人都擁有100美元。一名運動員表示（以籃球運動員張伯倫〔Wilt Chamberlain〕為例），他只會在每位觀賽者支付25美分的情況下，才會公開出賽。到了賽季末，這位運動員已有25萬美元的收入，因為很多人都想看他比賽。觀眾自由地捐出了他們的25美分。我們為什麼要從運動員那裡拿走呢？機會平等包括成功或失敗的平等機會，致富或變窮的平等機會，這使得它與「結果的平等」在本質上截然不同。我們比較喜歡哪一種平等？右翼政治傾向於機會平等，左翼政治則偏好結果平等。

許多經濟已開發國家的人民支持機會平等，卻又希望限制移民的湧入。我們立法以公平對待自己國家的員工，卻購買海外工人在惡劣條件下生產的廉價商品。我們說，男女平等、不同種族背景的人擁有平等的權利，但女性的收入平均低於男性，黑人的收入則低於白人，且更有可能進監獄。我們究竟是指所有人生來平等，還是只是「像我們一樣的人」生來平等？

在一個全然不是以平等對待所有公民為目的
的社會裡，蘇聯制定了一些計畫用以識別及
培養體育和音樂方面的人才，但目的是為了
國家的榮譽，而不是為了個人的自我實現。

Chapter 21

劫富濟貧是個好主意嗎？

所有的經濟體系，都試圖在劫富與濟貧之間找到平衡。但我們該如何在「個人權利」與「眾人權益」之間取得平衡？

塞浦路斯（Cypriot）的經濟在2013年處於嚴峻的狀態。該國政府採取了前所未有且不得人心的措施，他們針對超過100,000歐元的銀行帳戶，沒收高達60％的存款。此舉特別鎖定將塞浦路斯作為避稅天堂的俄羅斯寡頭政治家，但這不可避免地也影響了當地一些普通公民。政府相信從最富有的投資者獲取資金，致使貨幣和銀行部門崩潰，則有可能讓更多貧窮的塞浦路斯人免於更大的苦難。這個決定是正當的嗎？

為最大群體謀取最大好處

效用主義原則可以用來捍衛塞浦路斯的現金綁架。效用主義原則是根據可以使幸福最大化和使痛苦最小化的程度，來決定行為在道德上是好或是壞的假設。能為最大數量的人帶來最大利益的行動會被優先選擇。「幸福」是指享樂和免於痛苦。享樂不僅僅是葡萄酒、人（女人）和歌唱，還包括更高知識的享受。

效用主義是無私且平等的這個觀念可能是錯誤的。每個人的幸福都同等重要，而效用主義會造成個人的犧牲。大多數的道德和法律規

> 正確的行為是為了促進幸福；錯誤的行動是產生與幸福相反的事物。
>
> ——約翰·斯圖亞特·穆勒
> （John Stuart Mill, 1863）

範（甚至只是良好舉止），大概多少都是建立在效用主義的基礎上。整體上來說，能禁止偷竊是最好的，大家某種程度上會相信我們可以收穫自己勞動的成果。否則，我們須時時刻刻保持警覺，注意是否有人想偷我們的烤肉串或是平板電腦。總體而言，效用主義似乎有不錯的效果。

> 愉悅和無痛苦是唯一令人嚮往的結果；所有讓人渴望獲得的事物若非因為本身固有的樂趣，就是可作為促進快樂和預防痛苦的工具。
>
> ——約翰・斯圖亞特・穆勒

幸福生成方程式 ⋯⋯⋯⋯⋯⋯ Key Points

　　哪種做法會產生最大的效益並不總是明顯。經典效用主義的發起人邊沁提出了「幸福生成方程式」（felicific calculus）來解決棘手的效用主義道德問題。考慮到行為所產生的各種愉悅和痛苦，他將行為依照以下六項特性進行評估：

- 強度？
- 持續時間？
- 確定性或不確定性：發生的可能性或不可能性？
- 鄰近性或偏遠性：多快將會發生？
- 產力：產生更多相同感受的可能性？
- 純度：產生更多相反感受的可能性？

> 然後，總結愉快和痛苦的分數，再乘以各種方式將影響到的人數。如果最終的計算顯示出一個愉快的平衡，則該行為就可被批准；如果結果顯示出一個疼痛的平衡，則該舉動將被視為壞主意。

被當作是交易代幣的人民

效用主義在邏輯上並不受到贊同。其中，像經濟商品般地交易人類的幸福似乎並不人道。這像是寬恕了多數人對少數人的虐待。如果有十萬名羅馬人喜歡在競技場觀賞奴隸被獅子撕成碎片的畫面，那麼觀眾的享受足以勝過奴隸的苦難嗎？我們可以說，奴隸的痛苦是如此巨大，以至於超過了觀眾的愉悅。或者我們可以說，觀眾享受的並非是真正的快樂，觀看這類表演的墮落可以被更恰當地稱為痛苦而非喜悅。

然而在其他的狀況下，對於一個問題的常識性答案和效用主義者的答案之間常相互矛盾。在某些情況下，私人情感可能會阻撓一些人做「正確的」事情。想像你與其他十個人同被扣押為人質，而劫持者想要殺死其中特定一個人，卻無法分辨誰是他的目標。但你知道目標是誰。如果

依照哲學家邊沁的遺願，他的遺體經過解剖處理後，用稻草填充於骨骼外並穿好衣服，被製作成自動肖像（auto-icon）。肖像的頭部是蠟質複製品，因為真正的頭部看上去有些可怕，所以通常不被展示（他真正的頭顱被置於雙腳間）——邊沁偶爾會參加倫敦大學學院的會議，並被註記為「出席但不投票」。

沒有人指認目標，就會有一半的人質被殺；假如你指認了這個人，那只有他會被處死。你會指認這個人嗎？如果你就是這個人怎麼辦？如果這個人是你的孩子或伴侶，又該怎麼辦？

效用主義會要求你透露這個人的身分以拯救其他五個人。但你的良心、投入的情感和自我利益都可能會影響決定。效用主義的一個問題是，它要求我們按照沒有情感的數學邏輯行事，但人們很少會這麼做。

東牆與西牆

　　世界上所有的經濟體系都試圖在「劫富」與「濟貧」之間找到平衡。維持政權的有效途徑是為多數人爭取最大的利益。在民主國家，人民不會投票給經濟失衡的政府。在最壞的情況下，人民會起來推翻政府，使狀況更糟。但如果大多數的人感到快樂，政府很有可能就此維持穩定。

思想實驗：不適合居住的醫院　　**Key Points** 🔍

　　假設一家醫院的五名患者都需要重要的器官移植才能生存，而一位不是重症的病患前來做常規手術。外科醫生可以將這名輕症患者殺死，並讓死亡看起來像是個罕見的不幸事故，再用他的器官拯救另外五名病患。殺一救五是不道德的嗎？還是醫生應該治癒這位健康的患者，並讓其他人死去？依照常識，外科醫生不能殺害健康的患者。如果問為什麼，大多數人會說，這五個人的死亡是隨機的不幸事件，但蓄意殺死健康的人就是謀殺。也可能會說，外科醫生沒有權力決定誰該死或誰該活。但是，當醫生有清楚的兩個選項時，他不就還是做了決定嗎？

　　對於2007年開始的銀行業危機，大眾普遍的看法是，「少數人的貪婪造成許多窮人的痛苦」。有99％的社會運

動都聲稱他們代表著社會上99％的人，也就是那些沒有在銀行業繁榮時期中獲利的群體——使用這個數據的目的，是要利用人們的自然效用主義傾向，亦即相信對大多數人的最大利益，是計算行為道德性的最佳方法。

與劫機者進行談判時，需要在當前受到威脅的生命和未來更多劫機可能造成的後果之間作權衡評估。

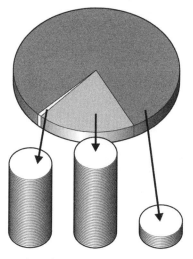

金融危機爆發前的 2007 年，美國收入頂端 1％的人口擁有 43％的財富；收入底層 80％的人口僅擁有 7％的財富。

1％人口擁有 43％全美的財富

19％人口擁有 50％全美的財富

80％的人口擁有 7％全美的財富

Chapter 22

要如何定義一個「有道德」的生活？

「想要別人怎麼對待你，你也要怎麼樣對待別人」。問題是，在現實世界中真的有辦法總是依照這個準則行事嗎？

「黃金法則」的原則是，我們應該以希望別人如何待我們的方式，來對待每一個人（請見第16章）。

合乎道德地生活

想要過「最純潔、道德最高尚」生活的人少之又少。若要加入這些人的行列，其中一種方法是窮其一生為他人服務，或者至少與他人誠實以待。另一種方法是放棄俗世所擁有的一切，透過沉思或祈禱以尋求開悟或平靜。迄今為止，似乎還沒有哪位哲學家採用的方法是透過擁有四棟房子、一群打馬球用的小馬，以及一艘遊艇來達成。

> 駱駝穿過針的眼，比財主進神的國還容易呢。
>
> ——《聖經》馬太福音

無私的生活

古希臘哲學家第歐根尼（Diogenes）可說是將拋棄物質財富發揮到了極致——他是最極端的苦行僧，在市場的一個大罐子裡安了家，擁有盡可能少的東西。他擁有幾塊破布和一個用來喝水的碗。至少他一開始還有個可用來喝水的碗，但當他看到一個小男孩將雙手捧著盛水喝時，他瞬間意識到自己的碗是一種奢侈品，而不是必需品，於是便將它擊碎在地。他並不會掙錢討生活（因為此舉顯然是信

第歐根尼住在一個罐子裡，放棄所有的物質財富，以達到個人的開悟。

奉他所鄙視的物質主義），而是倚賴別人提供或他自己找到的食物為生。第歐根尼傳授的幸福之道乃是「依自然而生」（according to nature），亦即盡可能簡單地滿足人體最基本的需求，以及避免所有財產、個人關係及依戀的羈絆。他要求他的追隨者都得故意讓自己成為被輕視與嘲笑的對象，做為超然的練習。

康德的「定言令式」（請見第176頁）說明，你應

該像你希望別人對你那樣對待別人。此一理論因作家金斯萊（Charles Kingsley）所著《水孩子》（*The Water Babies*）中的角色──「己所不欲勿施於人」夫人（Mrs. Doasyouwouldbedoneby）而名傳千古。

康德的道德禁慾主義（moral asceticism）主張，我們行為的對錯並不取決於結果，而是在於這些行為是否履行了我們的義務。一種特定行為方式是否為「正確」或道德與否，並非我們所能判斷，而是唯有藉由「實踐理性」方能評估。

康德說，美德需要「傾其所有的力量以克服它必須克服的障礙……（和）……犧牲生活中的許多樂趣。」但也不全然如此悲觀，他接著說道，美德在於「愉悅的心境」，亦即一種強烈的內在價值感和「恢復自由的覺悟」。

> 唯有盡其所能根據這個基本原理行事，才能同時使之成為一種普遍法則。
>
> ──康德，1785年

權衡取捨

中世紀的歐洲有很多流浪的修士和僧侶依靠慈善捐款過活。作為回報，他們會為那些供養他們的社會大眾的靈魂祈禱。他們用禱告和智慧（人們普遍認為這是有價值的

敘利亞風格的「鋼管舞」

聖西莫盎人（The Stylites）是早期的基督教苦行僧，他們住在沙漠中的石柱或杆子上。最早引領這個潮流的可能是聖西莫盎（Simeon Stylites）。西元423年，他爬上了位於敘利亞的石柱，在上頭待了足足三十七年後才去世。

這故事還有其他版本。敘利亞塞勒斯（Cyrus）的主教狄奧多勒（Theodoret）與聖西莫盎同時代，他寫了一篇關於一名隱士的文章，他見過該隱士生活在一個懸掛於柱子上的木桶裡長達十年之久。他同時記載一名修士聖亞呂皮烏（St. Alypius）打造了一座石柱，且在石柱上生活了六十七年。在最

初的五十三年裡，這名修士持續站著生活，唯有當雙腳再也承受不住時，才會躺下。令人難以置信的是，據說他活到了一百一十八歲。

為了獲得所需的寧靜，聖西莫盎在一根柱子上生活了三十七年。

商品）來交換食物和其他必需品。每個捐錢給修道士的人都是出於自己的意願，且毫無疑問地，他們自認為這些慈善行為將使自己的地位更為崇高，或能為自己「買到」一些救贖。

康德的令式（imperative）通常適用於那些看似自私的生活方式。如果每個人都像億萬富翁一樣生活，社會將會瓦解；我們在2008年銀行業災難之後的金融危機中就看到了這一點。太多的人過著入不敷出的生活，無論是收入和社會生產力都無法支撐他們的生活。

大多數人會做「正確」或道德的事情，是許多制度的假定前提。2020年新冠肺炎（Covid-19）危機期間，多數國家採取了一些政策，內容包括限制行動，強迫或鼓勵人民留在家中、暫停工作和社交。

疫苗接種的有效性取決於群體免疫。選擇不接種疫苗意味著少數人將會置多數人於險境。

目的在於減緩疾病的傳播，以保護社會易被傳染的族群與醫療工作者。這些政策要求在多數人民的合作之下遏制個人自由，以保護整個社會。大部分人覺得這些限制很麻煩，甚至是懲罰性的，他們之所以遵守規定，是因為知道這樣做會帶來更大的好處。而少部分人強烈反對，抗議他們個人的「權利」優先於整個社會的利益。

MMR 疫苗：定言令式的實作課 ..... **Key Points** 🔍

1998 年，醫學期刊《柳葉刀》（*The Lancet*）發表了一篇涉嫌誤導大眾的論文，聲稱用於保護兒童免受麻疹、腮腺炎和德國麻疹的三重混合 MMR 疫苗可能會導致自閉症。結果，讓孩子接種疫苗的家長因此明顯減少。到了 2008 年，麻疹於英國再度流行，儘管過去十四年的病例數量已呈穩定下降。這是疫苗接種率下降所帶來的直接影響。MMR 預防的疾病有可能導致兒童身體的永久性損害或死亡。

當有足夠多的人接種疫苗時，只有少數人沒有受到「群體免疫」保護，亦即大多數人都已有免疫力，而這將使得疾病難以傳播。但當接種疫苗的人數不足時，所有未接種疫苗的人都會變得脆弱。父母們是否有此道德權利，能依賴群體免疫（亦即享受他人盡職行為的結果），而不是接受他們認為疫苗帶來的微小風險？

MMR 疫苗之後已被證明不會導致自閉症，但在英國，由於群體免疫喪失的結果，已導致四人的死亡及許多病例出現。

Chapter 23

機器人有辦法做到「獨立思考」嗎？

AI 人工智慧的極限在哪裡？假設機器人擁有自我心智、可以獨立思考的那一天來臨，我們又該賦予他多少權力？

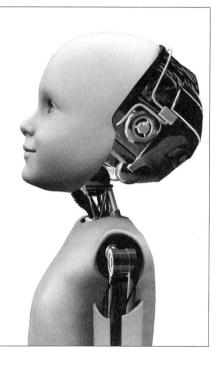

科幻電影和小說經常描繪出一個由人工智慧機器人控制的世界，在其中，機器人將毀滅人類。這種情況有可能發生嗎？我們是否應該允許這種狀況發生？

本能的恐懼？

「機器人」（robot）一詞的使用，首次出現在捷克作家卡雷爾‧恰佩克（Karel Čapek）於1920年創作的劇本《羅梭的萬能工人》（R.U.R）中。在這個故事裡，有一種能自我複製的機器人，最初是人們設計來作為奴隸，到頭來卻反抗主人，試圖毀滅人類。也因此，人們對於機器人掌權的恐懼正如同機器人本身一樣古老。

雖然劇本故事中的情節看似不太可能發生，但是否仍存有一絲絲可能呢？主動反抗需要人工智慧（AI），這是一種超越簡單編程的推理論證或學習技術。

奇點

1993年，數學家弗諾‧文奇（Vernor Vinge）提出了一個名為「奇點」（singularity）的情況──在這一點上，人工智慧將超越人類的能力，可以自我研發出更好、更強大的AI版本，很快就會產生遠遠超出我們理解的智能。在這

一點上，文奇表示，「人類的時代將會結束」。「奇點」是科幻作家創作的出發點，他們假設機器正在接管、摧毀人類，把我們當作奴隸，甚至為我們創造一個生活的天堂。因為人工智慧比我們所能想像到的任何東西都要聰明，我們無法預料這些機器會做什麼。從運算能力發展的趨勢看來，最好的（盲目）預測，這樣的日子大約會在西元 2025 至 2045 年之間來臨。

Key Points

機器人學三大法則

科幻作家艾西莫夫（Isaac Asimov）在 1942 年出版的短篇小說《轉圈圈》（Runaround）中闡述「機器人學三大法則」：

- **第一法則**：機器人不得傷害人類，或坐視人類受到傷害。
- **第二法則**：機器人必須服從人類的命令，除非這些命令與第一法則相衝突。
- **第三法則**：在不違背第一及第二法則的情況下，機器人必須保護自己的存在。

（之後，艾西莫夫又加上一條「第零法則」：機器人不能危害人類，或袖手旁觀，使人類受到傷害。）

何謂「智慧」？

關於「智慧」（intelligence）一詞，迄今尚未出現一個普遍公認的定義，因此很難確切指出我們所謂的「AI人工智慧」是什麼意思。大多數人會說，AI不僅僅是藉由遵循規則以解決問題的能力——電腦在這方面已經比我們做得好太多。

我們無從得知機器意識最終會如何發展，事實上，現在的機器幾乎沒有意識。「軟體動物」也沒有多少意識。回想過去幾百年內機器取得的非凡進步，並留意動植物王國的發展是多麼緩慢——可以這麼說，與過去的時間相比，高度組織化的機器與其說是昨天的產物，不如說是過去五分鐘的產物。

——塞繆爾‧巴特勒
（Samuel Butler），《Erewhon》
（譯按：1872年巴特勒的烏托邦式諷刺小說）

「智慧」似乎還包括一種學習的能力，以形成創意的躍進，並建立聯結或發現不明顯的聯繫。人類的智慧會產生笑話和隱喻，解釋及運用細微的差別，解讀語境，並從他人的行為中獲取線索。

禁止人工智慧 ⋯⋯⋯⋯⋯⋯⋯⋯⋯⋯⋯⋯⋯⋯⋯　　**Key Points**

　　在科幻小說中，機器人總是占據主導地位，但也不乏人工智慧被禁止或遭擊敗的場景。「巴特蘭聖戰」發生在法蘭克‧赫伯特（Frank Herbert）的小說《沙丘魔堡》（*Dune*）故事背景中，小說背景設定在遙遠的未來。發生在《沙丘魔堡》（該書於1965年出版）一萬年前的一場叛亂中，包括人工智慧和電腦在內的某些技術被禁止，也不允許再創造，因為有戒律明定：「你不能製造出與人類大腦相似的機器。」

　　理論上，AI機器人醫生可以比人類醫生做出更準確快速的診斷。它可以儲存數以百萬計的疾病細節、與之相關聯的症狀，並推薦出一種治療方法。但是人類可以提供某些獨特的東西。拜直覺和經驗之賜，人類醫生或許能夠判斷，一個胃痛患者是否有著潛在卻羞於啟齒的疾病（例如憂鬱症）。這是機器人所無法接收到的訊息。

圖靈測試

　　發明現代電腦的先驅圖靈提出了一種測試法，以確定人工智慧是否已經實現，以及電腦是否能像人類一樣思考——如果人類無法判斷一段對話中的是人還是電腦，則電腦就會通過圖靈測試。圖靈認為，最好是先讓電腦模擬孩童的思維，再讓電腦接受教育、逐步升級，這或許比試圖打造一部擁有成年人心智的電腦要好。

　　反對圖靈準則的其中一個理由是，圖靈要求機器智能要與人類智能非常相似。正如當代電腦科學家羅素（Stuart Russell）和諾維格（Peter Norvig）在其所著的教科書《人工智慧：現代方法》（*Artificial Intelligence: A Modern Approach*, 1995）中所指出的，我們並不會要求一架飛機要飛得夠好，足以騙過鳥類，然後我們才認同它會飛。事實上，只有當我們放棄模仿鳥的飛行方式時，我們才得以成功製造出飛機。

我們距離那一天還有多遠？

　　這取決於你問的對象。我們若不是已有了具備真正智能和意識的電腦，不然就是還需要很多年才能實現。

　　神經學家指出動物大腦的複雜性，並表示電腦還沒有能力模擬任何東西，除了最簡單的生物體之外。整個網際網路並不像人類大腦內部的連接那麼複雜，更不用說大腦

可以做的所有其他事情了。電腦科
學家指出，他們正在模擬神經元，
並開始以模組化的方式構建「大
腦」，模擬真實（但不一定是人類）
大腦和神經系統的結構。一些人工

> 如果機器的行為表
> 現和人類一樣聰明，
> 那麼它就是和人類
> 一樣聰明。
>
> ——艾倫・圖靈
> （Alan Turing）

智慧開發人員認為，實際上並沒有必要為了產生智能而模
仿人類的大腦。

但它會是大腦嗎？

假使我們能製造出人腦的電子複製品或智能非複製
品，即便它能執行同樣的功能，哲學家們仍不認同它是大
腦或智力。

1980 年，美國哲學家約翰・希爾勒提出了一個思想實
驗，他稱之為「中文房間」（Chinese room），用以解釋人工
智慧為何沒有理解能力——想像有個人在一個封閉的房間
裡，被要求回答用中文寫成的問題。這個人不懂中文，但
有一本大書，他可以在裡面查找問題並找到合適的答案。
當他把答案傳回來的時候，房間外的每個人都認為他似乎
真的懂中文。人工智慧利用類似的方式，表現出好像它有
了理解，但實際上並沒有。希爾勒區分出他所謂的「弱人

工智慧」與「強人工智慧」：

- **弱人工智慧：一個可以智能運作的物理符號系統（實際上是一台電腦）。**
- **強人工智慧：一個具備大腦和精神狀態的物理符號系統。**

「強人工智慧」是哲學家關心的版本。早期的人工智慧開發人員認為，大腦會以成塊的方式、按照特定的規則處理訊息，並認為這種機制可以被機器複製。但「無意識的本能」乃是人類智慧和專業技能的關鍵，而這些是無法經由電腦遵循一套規則或算法來加以複製的——這就是人工智慧醫生的局限性。

美國哲學家修伯特·德雷福斯（Hubert Dreyfus）在談到人工智慧的這種局限性時表示，

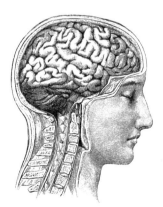

大腦益智盒：2005 年，一個擁有「10 的 11 次方個神經元」的人腦電腦模型，花了五十天的時間來完成相當於一秒鐘的「大腦活動」。

真正的人類智慧和專業技能並非「知道那件事」（事實知識），而是「知道如何知道」（亦即從做中學的知識）。

圖靈觀察到，人類的直覺很可能遵循某種規則——只是這些規則尚未被人發現罷了。在這種情況下，人類直覺的本能在某種程度上可能會被機器智能所模仿。自一九七〇年代德雷福斯的學術工作以來，人工智慧的研究已轉向神經網絡和進化演算法，這些演算法專門處理早期模型中沒有模擬的潛意識歷程、上下文語境及其連結。

Key Points

哲學殭屍

「機器是否能有心智頭腦」的這個問題，是「其他心智頭腦問題」的一個版本，它問我們是否能確定任何東西或任何人有頭腦？如果你發現你是現存唯一有思想的存在，而其他人都是肉體機器或哲學僵屍，你會作何感想？

從物性到存在

聰明是一回事，但有意識則又是另一回事。再一次，人們對於「意識」是什麼，或者它位在何處或如何被定位等問題並無共識。約翰・希爾勒認為，意識會從一堆神經元中突現，就如同濕潤的特性從水集合中突現一樣（請見

第6章）。在這種情況下，智能機器也將是一個有意識的機器。

我們能設想出不同於人類意識的意識類型嗎？美國哲學家丹尼特聲稱，機器是有意識的，甚至連恆溫器也是有意識的。不過，並非大多數人都如此認為。

但假如機器有了意識，如此一來便打開了一個全新的潘朵拉困境之盒。一個有意識的機器能感覺到希望、絕望、痛苦、憤怒、愛、好奇、嫉妒、渴望和驕傲嗎？假如可以的話，它有權利嗎？我們對這樣的機器（或者應該說是「這樣的存在」）肩負什麼責任呢？這些問題在科幻小說和電影中都有過詳細的探討。

我們該賦予機器多少權力？

我們在很多方面都因為過度依賴科技而變得脆弱。肇始於2007年8月的金融危機，主要是由於失控的電腦演算法所造成。「布萊克—休斯數學方程式」（Black–Scholes mathematical equation）是金融市場的核心，由於受到人們不當地用於衍生性金融商品（該產品只是假想的貨幣和利潤前景）交易，使其達到每年千兆美元的價值——這是一個世紀以來全球實際生產的所有東西價值的十倍。

機器人的愛

　　在史蒂芬・史匹柏執導的電影《AI人工智慧》中，一個名叫大衛的小男孩被設定為能展露情感與愛意。當他的「銘記協定」（imprinting protocol）被啟動時，大衛與其代理母親建立了牢固的關係。這種愛永不會消失，即使人類在兩千年後滅絕了，他仍然愛著她。對於那些愛我們的機器人，我們有什麼責任呢？

　　在日本，為老年人開發護理機器人的公司將獲得政府50％至60％的研發補貼。日本正面臨護理人員嚴重短缺的困境，而機器人或能填補此一缺口。我們該如何看待人們對機器人在日常生活甚或情感上的依賴？

　　當電腦在幾分之一秒內便做出決定時，事情將迅速失控。與電腦密切合作的結果，給了我們製造與做更多事情的能力，但也給了它們摧毀更多東西的機會，而它們甚至不需要另行開發惡意的智能便能做到這件事。

殺人機器在此

　　在戰爭中使用無人機（集無人駕駛、電動飛行器和武器於一身）極具爭議性。武裝部隊成員認為，在敵方領土

上空或進入敵方領土執行危險任務的無人機拯救了許多士兵的生命。但反對使用無人機的理由是，我們任憑科技技術自行做出殺死人類的「決定」。而這是否真的算是一個決定還有待商確，因為無人機會遵循指令尋找、辨別及處理目標。

贊成使用無人機的理由，絕大部分是站在實用的角度——它達到了摧毀特定目標（通常是隱藏在敵方領土深處的叛亂分子）的目的，同時將連帶的傷害減至最低。但此處出現哲學家所謂的「事實—價值」混淆。雖說使用無人機很容易殺死目標，但並不意味著我們「應該」這樣做。

反對無人機的理由則引用「效用主義」觀點，同時採取道德立場。反對理由指出，操作無人機執行任務時，不時會導致意外死亡發生；再說，以某件事比「從未提出過的其他選擇（例如大規模轟炸）更好」為依據，是站不住腳的。這個觀點質疑我們是否能接受這樣一種「與人類交戰如此分離」的殺戮方式，這種方式近似於玩「PlayStation」遊戲機的心態。

使用無人機也會造成心理和靈性方面的傷害。一份由五角大廈於2011年發布的報告顯示，有30％的無人機操作員因「生存危機」（existential crisis）而遭受過度疲勞之

苦。飛行員也會受到相反的負面影響，例如將殺人「常態化」。無人機的使用是祕密進行的（目標乃是由政界高層人士和軍方領導人所選定），這種缺乏透明度的作法或許屬於政治和哲學問題。然而，有些哲學家認為，戰爭完全不隸屬於道德範疇（請見第18章）。

Key Points

我們是否能限定知識？

知識能帶來好處，也會引來危險。自從《聖經》中記載人類墮落以來，知識便讓人聯想到危險。粒子物理學的知識使核武成為可能，但也同時提供我們磁振造影（MRI）和電腦斷層掃描（CAT）等技術所帶來的醫學益處。基因組的知識有助於我們改進農作物和治療疾病，但也可能讓恐怖分子有辦法製造致命病毒。會不會有些類型的知識太具危險性，是我們無法追求的呢？我們是否應該為潛在的災難而限制某些領域的研究，就像我們出於道德原因而限制研究一樣？或者，如果一個邪惡的天才得到某些研發成果，我們是否因此而束手無策？

Chapter 24

你願意為了大家的安全犧牲自己的隱私嗎？

政府宣稱，監控能使我們免於受到更大的傷害。
但是我們要為此付出什麼代價呢？而你願意犧牲
這「一點點」的隱私嗎？

現今在我們居住的城鎮裡，鮮少有地方是沒有閉路電視監控的。如果把政府對我們的電子郵件、電話、訊息和網路活動監視也涵括在內，或許你會感覺生活中根本毫無隱私可言。究竟大量監控是好是壞？監控有用嗎？我們要如何在保護大眾和維持個人隱私之間取得平衡呢？

你被錄影了！

　　閉路電視攝影機有兩種不同用途：威懾和偵察。除了記錄一個地區內的活動，提供可能的證據，以防在犯罪發生時能幫助警方調查之外，還能阻止人們在有攝影機記錄的情況下犯罪。畢竟，如果你知道你會因此惹上麻煩，就會降低犯罪的可能性。

閉路電視攝影機是否真的能減少犯罪還存有不少爭議。

你看不到我

如果你自認為能逍遙法外的話，你會犯下什麼罪行？也許不是什麼滔天大罪，而是不起眼的小罪——例如把高速公路的路肩當作捷徑如何？

Key Points

內疚、羞恥和恐懼

有些人或許會出於以下的原因，決定不做任何被禁止或不道德的行為：

- **害怕懲罰**：如果恐懼是唯一的遏制因素，若沒了懲罰的威脅，那麼有些人可能會因此採取行動。
- **羞恥**：羞恥感需要在大眾的見證之下才會產生；唯有當我們知道別人已意識到我們做了不道德或非法的事情時，才會感到羞恥。
- **內疚**：內疚則屬於私有的感受；如果我們對所做之事感到後悔，那麼不管這件事是否產生了不良後果，或者其他人是否知道我們做了這件事，我們都會感到內疚。

內疚是一種內化的道德體系的標記；恐懼可以在毫無道德意識的情況下存在。羞恥感則介於兩者之間，它需要對道德體系有所認知，但並不需要行為人分享這個系統的道德價值。

假如有一個警察站在路肩盡頭，鮮少有人會因為想惹上麻煩而繼續沿著路肩開下去。不過回過頭來想，也不太可能每天都有警察盯哨。下次當警察不在的時候，人們又會走上這條捷徑。現在假設警察並非站著不動，而是亮晃晃地在路上來回走動巡邏。這時「捷徑」上看似沒有警察站崗，但也沒有人能百分之百確定。也許他就站在這條路的盡頭。如果你往下繼續開，可能就會有麻煩。因此你會走另一條路。

結論是反直覺的：警察「可能」存在的現象至少是一個好的遏止作用，效果甚至比「確定」有警察存在更好。

當警察確實存在，但若不讓民眾清楚看見，就起不到任何威懾作用。缺乏人力的地方當局可以派步行警察在多條道路上巡邏，如此一來儘管警察無法在每條路上現身，也能有效產生影響。

注意！他們就在你身邊

哲學家邊沁在十八世紀末提出了一項監獄實驗設計，該設計背後的原則是，警察可能在那裡，也可能不在那裡。「圓形監獄」（panopticon）是一個環形結構建築，每名囚犯的牢房都面向中央的觀察塔。有名警衛會派駐在塔樓

的房間裡，四周都是窗戶，但百葉窗擋住了外界的視線。也就是說，警衛可以看到四周任何一間牢房，但牢房內的人卻看不進瞭望塔裡。

根據邊沁的理論，這麼做的結果是囚犯永遠不知道自己什麼時候會被監視，因此他們會自我制約，總是表現得像是被監視著一樣。此外，這座監獄還設有類似兔子洞窟的通道網絡，能使警衛得以在不被察覺的情況下進出瞭望塔，也因此不需要時時刻刻都有人監督——潛在守衛的威懾效果，就像有人一直在監視一樣強大。

邊沁宣稱圓形監獄是「一種獲得控制心靈力量的新模式，其數量之多迄今尚無先例」，這聽起來像是為壓制感到欣喜。但他無意讓自己的設計成為一種壓迫手段。他支持個人主義，提倡言論自由、婦女平權、離婚權利、廢除奴隸制和死刑，以及同性戀合法化……所有這些在十八

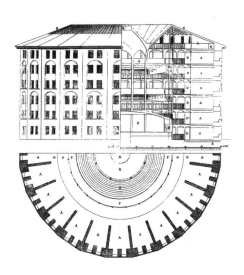

世紀末看來都是相當激進的目標。他把圓形監獄稱為是「把盜賊研磨到誠實的磨坊」（a mill for grinding rogues honest）。換句話說，這是一個對罪犯進行改造和再教育的系統。

然而，法國哲學家傅柯（Michel Foucault）則將圓形監獄視為「紀律力量」的象徵，以及無所不在且侵入性的觀察衝動，而這也是它通常被人們認為的方式。

虛擬的圓形監獄 ....

「當然，沒有辦法確切知道你是否在某一時刻會受到監視……你必須在這樣的假設下過活：你發出的每一個聲音都會被監聽，而且，除了在黑暗中，你的每一個動作也都會被仔細觀察。」在喬治‧歐威爾的小說《一九八四》中，家家戶戶和所有公共場所都安裝了「電屏」(telescreens)，政府藉此對人口進行持續監控。

你能「把盜賊研磨到誠實」嗎？

圓形監獄裡的囚犯或許會守規矩，但你確定只是因為他們覺得自己被監視，害怕一旦行為不端就會受到處罰嗎？事實上，這並不會真的讓他們變得誠實，只是讓他們變得比較聽話罷了。邊沁可能會說，藉由總是做正確的事，囚犯們會習慣良好的行為，這就會成了他們的預設行為——良好的行為習慣會變得根深蒂固且自然，他們因此改過自新。

如果你只是想要一個公民守法的社會，或許「自動服從」就已足夠。但康德並不同意。儘管他贊成

> 凡是遭受「有限可見性」(visibility) 影響，且又深諳這一點的人，會自然承擔起被權力約束的責任；他會任由這些權力利用；他把同時扮演這兩種角色的權力關係銘刻在自己身上；他成為自己服從的原則。
>
> ——傅柯，1975 年

人們遵守道德法律是因為它是法律，但他希望人們之所以遵守，乃是因為他們「主動選擇」——因為他們遵循自己的良心。

　　未經思考、無條件地服從並非有道德者的特色。事實上，不間斷的監視和擔心自身行為，其後果最終可能對社會是有害的。監督阻礙了我們身為負責任個體的成長；我們在道德上變得軟弱，是因為我們疏於執行自己的判斷，沒有反思自身行為，也從不挑戰我們的行為和生活的規則。雖然邊沁認為這會產生順從的公民，但簡單地將規則內化就會產生傅柯所說、要為自己的屈服負責的個人。

「如果你無罪，便沒有什麼好隱藏的」

　　2013 年，美國電腦專家史諾登（Edward Snowden）披露，美國、英國和以色列政府當局利用人們的線上活動，對一般平民進行了廣泛的監控。史諾登揭露了政府前所未有的大規模侵擾，更多的訊息隨之浮出檯面，包括指控美國監視德國總理和教皇等歐洲主要政治人物。史諾登最後因間諜和盜竊政府財產被通緝，逃離美國。

　　這起案件重新開啟了一場關於隱私和安全的長期辯論。一方面，想要對一般民眾進行觀察的政府聲稱，如果

不加思考地服從權威會產生可怕的後果。在一個健康的社會中，公民對自己的道德選擇負責，也會向不公正提出挑戰。以少數族群為目標和設立集中營是社會核心疾病的症狀。

你沒做虧心事、沒什麼好隱藏的，就不應該擔心被監視。另一方面，反對被監視的人認為，如果他們沒有做錯什麼，他們就擁有隱私權。大眾分為兩類；一類是對安全措施感到滿意的人，另一類則是被安全措施冒犯的人。

當監控行為被合理化

美國哲學家埃默里斯・韋斯科特（Emrys Westacott）曾

提出，「監視」此一行為是否道德，取決於以下因素：

- 是否有正當理由。
- 使用的手段。
- 監控與侵擾的程度，是否與監控所要防範的風險成正比。

**你應該要為自己的孩子
過濾網路內容嗎？** ⋯⋯⋯⋯⋯⋯ **Key Points** 🔍

　　網路上充斥許多兒童不宜觀賞的內容。有些家長會使用過濾軟體，以防止孩子偶然或有意地接觸暴力或色情內容。孩子因他們所看到的東西而心煩意亂或受到傷害的危險，必須與孩子發展自我調節行為的需要相權衡。對許多人來說，這意味著年幼孩子的網路活動將受到監督和控管，但隨著孩子的成長及學會對自己負責，這些限制和保護應該會減少。

　　除了這些因素之外，被監視的公民還擔心收集訊息的安全性和準確性，以及這些訊息是否會遭到濫用。看起來似乎所有的牌都在政府手中，但事實並非全然如此。在民主國家，政府必須維持人民的信任才能繼續掌權。那些不

被信任和尊重的人，不會給予信任和尊重作為回報。

　　人們在評估自己是否認為監視是正當的，以及是否願意容忍政府對個人隱私的侵犯時，首先想到的會是，究竟是誰受到保護？

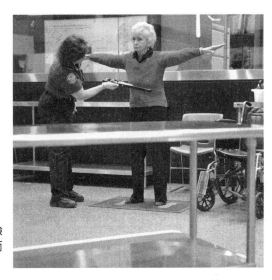

有些人反對機場提高安檢層級；另一些人則為此而感到安心。

　　如果我們相信，監視是為了保護自己，我們就會對監視一事採最寬容的態度。美國和英國當局堅信，提高監控層級將使人們的生活更安全。只不過，有時監控是為了保護政府，或保護政府中的個人。在這種情況下，人們最不可能對隱私

> 你不可能擁有百分之百的安全，同時又兼具百分之百的隱私和零不便。
>
> ——美國前總統歐巴馬（Barack Obama, 2013）

遭到侵蝕感到共鳴，因為這似乎不是一個公平的交易——大眾從隱私的損失中幾乎得不到什麼好處。

一些評論人士對於必須在隱私和安全之間做出選擇的觀點提出質疑。他們要求採取不侵犯隱私的安全措施。

當你只是一個數字

對一些人來說，科技在監視私人通訊方面的角色，使得整個問題變得更加險惡。當人們被當作「數據」對待時，會感到遭侮辱、受低估，以及被剝奪了人性的尊嚴。由於在其他領域有大量的人機錯誤（human/computer error）經驗，許多人都因此害怕計算錯誤或錯誤的演算法可能造成的傷害。監視不僅僅是對隱私的侵蝕，而且是對權力的侵蝕，甚至是對我們的人格意識和人格價值的侵蝕。

Chapter 25

你願意當一個挑戰主流的「吹哨者」嗎？

你可能將因此面臨一連串的訴訟、挑釁或報復性回應，也可能因此失去家庭、健康，甚至性命。你該自找麻煩嗎？

許多人會為了過上輕鬆的生活而願意做（幾乎）任何事情，並且難以和一個抱持「非主流思想」的人打交道。如果我們問了一個尷尬的問題，常會被他們告知「不要搗亂」、「順應潮流」、「六千萬（或者一億、十億）人的意見不可能會出錯」。是這樣嗎？

犯錯簡史

　　唯有當人們找到更好的做事方式，或是更好的模型、理論時，人類才會有所進步。很久以前，我們都認為太陽繞著地球轉。我們用劇毒的金屬汞來治療梅毒。人們蓄奴，視婦女和兒童為「次等」人類。熊貓被認為只存在於神話中。而那些一直以來相信（迄今依然相信）完全不同神祇的人呢？他們不可能全是對的。單看持有某種信仰的人數，並不能保證該信仰是真實的。

突飛猛進

　　美國歷史學家、物理學家暨科學哲學家孔恩（Thomas Kuhn）認為，科學發展會通過很長一段無人挑戰主流理論的時間；接著經歷短暫的激進極端改變或典範轉移。大多數時候，沒有人會偏離標準看法。唯有出現有人「跳出框

框」思考時，才會取得重大進展。通常，那些有著無比想像力的人一開始就不被相信且會遭到眾人嘲笑——這就是輿論、民意的力量。

1543年，天文學家哥白尼發表了「地球繞太陽轉」的理論。七十多年後，羅馬天主教會認定這個想法「愚蠢且荒謬，根本是異端邪說」，並要求天文學家伽利略停止傳授這個觀點。在哥白尼之前，地心說已被廣泛接受，成為公認的現實——由於受到廣泛相信，它實際上已成為真實。

寧死也不願說謊

古希臘哲學家蘇格拉底由於質疑雅典市民的信仰和觀念，而使得自己非常不受歡迎。他會挑戰市集上的人們，要他們為諸如美德或正義等概念下定義。他要讓群眾明白：他們有欠考慮、沿襲的見解並不管用。由於他「帶壞」雅典的青年（他的學生），且是個問題人物，很快便陷入麻煩。該市的權貴人士要求蘇格拉底停止教授哲學，但他表示「寧願死一千次也不願隱瞞真相」。最終，蘇格拉底因道德敗壞和冒犯神靈等罪名被法庭定罪，飲下毒藥而死。

> 要有勇氣持不同意見。
>
> ——教宗方濟各
> 2013

蘇格拉底不願隨波逐流，而是選擇喝下毒芹汁來結束自己的生命。

何不隨波逐流呢？

我們都是抱持特定的信念長大成人的。如果我們意識到對方的觀點可能有誤，我們不一定會予以挑戰；但我們之中大多數的人傾向於相信：假如很多人都一致同意某件事，那麼這些龐大的數據幾乎就能證明他們肯定是正確的。更重要的是，大多數人都傾向人云亦云、跟隨潮流，渴望被人喜歡，而不願甘冒被奚落和被憎恨的風險。

蘇格拉底主張，我們不應該全盤接受社會上所有當前的、不受質疑的觀點，而應該對每一個觀點進行仔細審

查，並藉由調查和邏輯思考，以決定我們是否相信它屬實或公正。他認為盲目地堅持和捍衛一個你未曾仔細想過其真偽的觀點，無疑是浪費身為人類的主要利益。

> 未經審視、渾渾噩噩的生活不值得人過。
>
> ——蘇格拉底

前衛的春之祭 ································· **Key Points**

1913年於巴黎首演的《春之祭》(*The Rite of Spring*)是由史特拉汶斯基(Ivor Stravinsky)創作的芭蕾和管弦樂作品，為迪亞基列夫(Sergei Diaghilev)的俄羅斯芭蕾舞團製作。這個作品的前衛性令人震驚，以至於在觀眾席中引起騷動。現在它被公認為是二十世紀最重要的音樂作品之一。

反潮流的人

孩提時代，大多數的我們都害怕被貼上「告密者」(亦即專向師長打小報告，讓他人陷入麻煩的人)的標籤——是誰打破窗戶？誰把班上的倉鼠放出來了？誰在黑板上寫髒話？「告發」被視為是與敵人(成年人)親善，藉此找出罪魁禍首的舉動。也因此，揭發者(或吹哨人，如何稱呼取決於你的觀點)可能會因而受到鄙視和霸凌。

這種態度一直持續到我們成年。在犯罪的世界裡已被

定形化，在其中，即便是一株小草都有可能面臨惡劣的命運。我們之中有多少人明顯對犯罪行為表示不滿，但卻沒有勇氣舉報呢？

吹哨人會為了公眾利益，不惜揭露組織中的貪污、舞弊或不誠實的交易。但也就像他們童年時遭受同學欺侮的情境一樣，吹哨人經常會因為他們熱心公益的行為而受到辱罵、迫害，並可能遭遇可怕的後果。儘管許多國家都立有保護吹哨人的法律，但在通常的情況下，在一個組織

人云亦云的價值觀會帶來
災難性的後果。

（特別是政府組織）中，吹哨人會付出高昂的代價。

私利與公益

「效用主義」的原則要求我們要先權衡受到一個決定影響的所有相關人士，思考其成本與效益，接著再揀選能帶來「最大幸福」的選項。一般而言，這意味著如果能幫助人們逃離險境或虐待，我們應該吹響哨子。但私利往往會左右我們的選擇。

如果你在一艘正在下沉的船上，面臨是否要救你的伴侶還是兩個陌生人的選擇，你幾乎肯定會優先救你的伴侶。倘若有人做出利他的決定來拯救陌生人，對於其他人來說是難以理解的，因為這是一種極端的（有些人會說這是有悖常理的）無私。

> 你若不是成為同謀，就是提出質疑。
>
> ——Olympus 前總裁暨執行長伍德福特（Michael Woodford），他揭露公司領導高層向日本黑幫行賄的事實

吹哨人的犧牲

有些善於剝削、壓榨員工的組織和個體，會仗著我們傾向於維護自身利益的這一點，來隱藏他們的惡行。告發雇主的人很可能會因此丟了工作，或在工作中受到迫害。他們也可能會失去職場上的友誼和地位。

許多吹哨人在隨後對方一連串的訴訟，以及挑釁或報復性的回應中，失去了他們的家園、家庭、健康甚至生命。在某些情況下，這些人的舉報甚至沒有達到預期的結果，因為他們所揭發的組織使出全力詆毀這些毫無反擊資源的告密者。唯有無比堅強、擁有堅定不移正義感的人，才有可能以這種方式打破現狀。

部族忠誠

人們傾向於對自己所屬的任何群體都感到忠誠。告密會導致不同群體的忠誠感之間的衝突，因為我們對更小、更有直接利害關係的群體（例如我們的同事和雇主）的承諾，與我們對更大群體的忠誠互有矛盾。當那些從檢舉中獲益的人離我們很遠時（例如遠在孟加拉血汗工廠的工人），對於那些我們不認識，也可能永遠不會見面的人來說，我們當地更多的「部落」所付出的代價，可能遠大於我們不認識、也永遠不會見面之人所獲得的利益。

良心上的勝利

當吹哨人決定和盤托出某些虐待或犯罪行為時，他們是聽從自己的良心，而不是遵循一套鼓勵他們保持沉默的

捫心自問

你是否會向政府單位舉報以下任一事件？假如你可以匿名舉報上述情況，你的回答會有所不同嗎？

- 你知道你的鄰居總是持續對孩子大吼大叫。你懷疑她對小孩施暴，但你並未親眼睹事發過程。
- 你朋友打電話給你，聽得出他顯然醉了，但他接著說要自己開車回家。當你建議要他改搭計程車時，他不但一笑置之，還發動引擎。
- 你看到你青少年時期的死黨在公車站後面偷賣「大麻」。
- 你服務的企業組織在其營運的另一個國家剝削工人，卻在產品上貼著「公平貿易」的標籤。

告密者往往會以殉道者的方式作結。雀兒喜・曼寧（Chelsea Manning，原名 Bradley Manning）因公開自己在美國陸軍服役時看到的文件和影片（其中包括 2007 年一架美國直升機向手無寸鐵的伊拉克平民開火的鏡頭），而被判三十五年監禁。

規則、指導方針或忠誠。根據演化生物學家達爾文的說法，這正是良知進化的原因：有助於我們解決私利和社會公益之間的衝突，以維護整個群體。在個人層面上，良知能引導我們避免那些會帶來恥辱及有害社會的行為。

> 你們當問心無愧，就常有喜樂。問心無愧，能忍受許多患難，並在一切患難中保有喜樂；但若有愧於心，則總是恐懼不安。
>
> ——金碧士（Thomas à Kempis）《效法基督》（*The Imitation of Christ*, c.1418）

包括阿奎納在內的一些哲學家，把良心視為實踐理性的一種應用。其他人則認為良知是上帝直接賜予的。人們並不認為良知是一種理性的能力，而更像是一種本能——儘管這可能是在特定道德體系中長期教化的結果。這會讓人覺得揭露虐待行為是「正確的」，儘管有理由證明此舉可能會給舉報者帶來不好的後果。

> 良心的問題，是屬於一國之首，也就是君主的問題。
>
> ——阿道夫・艾希曼 1962 年於耶路撒冷的審判

當然，教化有利也有弊；當專制政權運用教化、唆使人民來壓迫和折磨他人時，這些人並不認為自己的行為是錯誤的，他們的良心顯然已經拋棄了他們。

> 個人良心不僅是文明世界的最後屏障，也是人類尊嚴的唯一保證。
>
> ——瑪莎・蓋爾霍恩 1962 年

Key Points

英雄或叛徒？

美國電腦專家史諾登向媒體揭露美國對一般公民監控的程度，包括民眾使用臉書和 Google 的數據。他被指控叛國罪後潛逃出境。媒體援引他的話說：「我唯一的動機是讓大眾知道，國家以他們的名義做了什麼，以及針對他們做了什麼。」

他究竟是一名讓人們反對政府認為必要的安全措施的叛徒，還是捍衛守法公民的隱私和知情權的英雄？

可以確定的是，他的生活已毀，有可能得在監獄裡待上很長一段時間。那麼他是烈士還是吹哨的傻瓜呢？

Chapter 26

施比受更有福嗎？

每一件禮物，都有「贈與者」和「收受者」，當
哪一個人會比較好呢？有義務和無義務的付出，
又有什麼不同？

付出比接受更有福嗎？若是如此，付出多少會更好呢？誰從慈善行為中受益較多——捐贈者還是接受者？

「想要付出」與「必須付出」

伊斯蘭教的「五功」之一是「天課」（zakah）。人民依義務要支付所賺取盈餘的2.5％來幫助窮人，而所得盈餘的定義為：在支付必需品和稅金後所剩下的錢。此政策有兩個目的，一是使伊斯蘭教徒反思財富的本質，避免人民過於偏愛物質；再者是重新分配財富並救濟貧窮。「天課」既不被視為稅收，也不稱作慈善捐贈。拒絕繳納會有嚴厲

我們應當捐錢給無家可歸的流浪漢嗎？還是應該期望國家來資助他們？

的懲罰：「如果坐擁金山銀山卻不支付款項，那麼當復活日來臨時，烈火將為他熄滅，然後這些火焰會在地獄之火被點燃加熱，他的身體兩側、額頭和背部都將被火焰燒灼；當灼燒處溫度下降後，這過程會在一天中不斷地重複進行，長達五萬年之久。」

此外，伊斯蘭教鼓勵（但不強迫）人民做自願性的捐款（sadaqah），或是向慈善機構捐贈。而沒有宗教或社會義務要幫助窮人的人民，也可能會慷慨地捐獻。即使沒有必須履行的責任，這些人可能覺得他們有道德義務要這麼做。這種無義務的付出有什麼不同嗎？

價值和義務

哲學家經常審視美德的兩個不同層面：價值（values）和義務（duties）。價值觀較具開放性，適用於國家或人民；義務則是特定的，與行為相關。我們可以說甘地是一個道德高尚的人，他幫助受傷的人是一種社會責任。當然，這兩者經常互相重疊。富有同情心的人更願意履行職責來幫助受傷的人。義務可以是一種道德上有責任必須執行的舉動，也可以是一項由規則強制實行的行為。如此，問題就變成了「我們應該做多少。」

你能做得夠好嗎？

在你決定買帽子、去度假或花時間看電視時，也代表無法將這些時間和金錢捐獻給慈善機構。與新帽子、假期或看一整晚的電視相比，慈善和捐贈行為肯定是帶來更大的收益。因此，慈善是「正確」的選擇。然而，幾乎不會有人想放棄個人小小的滿足，而把我們所擁有的一切捐獻給慈善機構。

以下兩種結果論的形式（正確或錯誤，取決於行為的後果）有助於挽救我們的良心，並告訴我們即使我們的舉動不是完美的，但也是足夠好的：

- 「**漸進式**」的結果論認為，我們應該採取行動使世界變得比沒有任何作為時更好，但是我們不必竭盡所能地去改善世界。
- 「**滿意度**」的結果論則相信，我們需要提供足夠的好處，雖然不需要全部捐獻給慈善機構，但要給予部分所擁有的，且不浪費剩餘的時間和金錢。

假設某人的收入為 50,000 美元，若他想幫助窮人，顯而易見的答案就是捐出他的 50,000 美元，但這是行不通

的。因為如果這麼做的話，這個人自己也將變得非常窮困。但如果他留下必要的生活費用再將剩餘的部分捐出，那會怎麼樣呢？但現在他已經沒有漂亮的衣服，也許不會得到更好的升遷、得到更寬裕的收入並捐出更多的錢。或許經由維持一定水平的支出和社交活動，他們可以結交其他富有的人，以便讓他說服這些有錢人也捐獻給慈善機構。一個只捐款5,000美元、但鼓勵十個朋友每人捐獻2,000美元的人，比起一個捐款16,000美元的人，前者所給予的要更多。

匿名捐贈與冠名贊助

許多年前，慈善捐贈是種私人（且通常是匿名）的舉動。這仍然是可行的，你可以將錢投到募款箱、在網路或透過簡訊匿名捐獻，或甚至匿名向基金會捐贈。然而，公開表示慷慨的慈善行為在現今已愈趨普遍。無聊且舊式的「慈善贊助步行」已被「留鬍子慈善活動」、「剃光頭贊助」、「吊索贊助」和「慈善假期」等名目所取代，例如：在國外舉辦馬拉松比賽，幫助海龜在遙遠的海灘入海等。

當然，如果不清楚你在做的事，沒有人會願意提出贊助。剃頭或蓄鬍都是非常公眾的行為。公開的活動能夠為

慈善機構籌募更多的資金，但同時也增加個人慷慨舉動的可見度，就像在說「快看我」，這對慈善行為的正當性有什麼影響嗎？還是，只要有錢入袋並給予有需要的人，其實與匿名捐贈並沒有兩樣？意圖和姿態有多重要呢？

一雙鞋值多少錢？ .... **Key Points** 🔍

澳洲哲學家彼得・辛格提出了這個問題，以凸顯地理距離如何影響人們的慈善衝動。如果你看到一個小孩在池塘中溺水，你可能會跳入池中救他，即使這意味著要損失一雙好鞋。幾乎沒有人會認為一個孩子的生命不值一雙鞋的價格。因此，如果你有機會透過慈善團體，付出一雙鞋的價格來挽救遙遠國家中一個孩童的生命，為什麼你會猶豫呢？是什麼原因讓面前的孩童比一萬公里外的孩子更值得拯救呢？

不斷練習美德，直到渾然天成

亞里斯多德希望我們受道德的驅使而有良好的德性，而不是為了得到他人對我們慷慨行為的欽佩，或是讓我們對自己的感覺良好。

天生的同情心和慷慨大方讓我們樂於助人，而不考慮對我們自身的影響（只要影響不會大到讓我們需要別人的

幫助）。但是，如果不覺得自己是品德高尚的人該怎麼辦？還是可以捐贈給予嗎？看來答案是肯定的。

接受到你善行的人將會受益，而你也會以正確的方式鍛鍊你的「美德肌肉」。最終，如果邊沁是正確的話（請見第24章），「練習的美德」將變成根深蒂固且自然而然。這個過程就像是在運動。一開始可能讓人厭惡，但是過了一陣子後卻會漸漸變得有趣，並且成為你生活的一部分。根據亞里斯多德的說法，當行善成為你預設的設定時，你就稱得上是品德高尚。

Chapter 27

該苟且偷生？
還是奮起抗爭？

當人生旅途上面臨某些令人難以承受的危機，我們必像哲學家一樣思考：所謂的生命，究竟是怎麼一回事。

「偷生還是抗爭？」（To be, or not to be?）是哈姆雷特在莎士比亞戲劇中著名的獨白。這個問題不僅是問「自殺是否為情有可原或是可被接受」，而是問：如果繼續忍受可能要承擔的所有苦難，是否可稱為「高尚」——在有著令人難以承受的個人危機之際，這並非是真正要解決的問題；而是一種更沉著、更需省思的心情。

上帝賜予的生命

對許多人來說，宗教信仰剝奪了他們選擇自殺的權利。如果你的神禁止自殺，而你也接受神的教導，那麼就不會有這個問題。但是，「什麼樣的行為會被視為自殺」這個問題終究會浮現，這對於一個有信仰的人來說，可能是非常重要的。

自殺行為的合理定義是：一個人自願並有意識地採取立意為殺害自己的行為。我們可能允許假手他人，也就是要求醫生提供致命劑量的藥物足以自殺。另一方面，為了救出孩童，一個人跑進赤火烈焰的樓房因此身亡，這並不屬於自殺行為，因為這位救援者無意尋死。即使此人明知有可能死亡，但由於這不是他所「預期」

> 上帝要我們「不可殺人」，這也被視為禁止自我毀滅。
>
> ——聖奧古斯丁

的後果，所以不能稱為自殺。

　　意外服用過量的處方藥不是自殺，但故意服用過量藥物則屬之。蓄意服用過量藥物，但劑量卻不足以身亡則稱作「自殺行為」，並非自殺。有時人們會產生矛盾的自殺企圖。他們真的想死嗎？有些自殺可能是失敗的姿態性自殺，也就是說，他們沒有吸引到注意，卻悲劇地以死亡告終。為了完成自殺這個行為，必須將意圖、知識和結果都結合在一起（請見第17章）。

　　不僅只有宗教信徒引用人類生命的神聖性，作為防止自殺的理由。如果我們能接受人類生命是永遠特殊的，無

論它帶來多少痛苦，邏輯上這個論點也應該擴展至禁止一切殺戮，包括：司法處決、射殺威脅他人的武裝罪犯、戰爭中的屠殺，以及讓痛苦尋死的人死去，而不是用人為的方式延長他們的壽命。只不過，很少有人會願意支持一個完全不妥協的立場。

你需要忍受這一切嗎？

對古希臘哲學家而言，自殺通常被視為可恥之事。柏拉圖建議應該將自殺的人埋葬在無標記的墳墓中。但在如此嚴厲的態度下，他也允許一些例外，包括遭受瘋狂、極度折磨和因為不道德舉動而感到羞愧的人，更不用說那些受司法所逼而「被自殺」的人。

至於包括塞內卡在內的斯多噶學派，對他們來說「忍耐」是一種美德，可以帶來更好的生活。忍耐教導我們應當嘗試接受發生在自己身上的事，並以理性和節制來回應，這些素質是經由學習毅力和自我控制力而取得。斯多噶學派並沒有否認極端的情緒狀態，而是試圖

> 自殺不僅是一種罪，更是罪過。這是終極且純粹的邪惡，是拒絕對存在感到興趣，拒絕效忠於生命。殺人的人，殺死了一個人。而自殺的人，殺死了所有人。就他而言，他消滅了整個世界。
>
> ——柴斯特頓
> （G. K. Chesterton）
> 《回到正統》
> （*Orthodoxy*, 1908）

予以改變並保持冷靜。根據愛比克泰德（Epictetus）的說法，斯多噶學派可以是「生病卻快樂、危險而幸福、垂死卻也快樂、流亡但幸福、恥辱但快樂」。

斯多噶學派的方式並不排除自殺的可行性。也就是說，在極端痛苦或疾病的情況下，或者基於某種狀況而無法過上道德的生活時（例如遭受暴君壓迫），自殺是被允許的。換句話說，如果一個有智慧的人經過理性思考，認為自殺是最好的選擇，那麼自殺是被許可的。斯多噶學派思索一些對幸福至關重要的事物，包括健康和自由，缺乏這些事物也可能成為自殺的理由。塞內卡表示，智者「應該活多久就活多久；而不是他能活多久就活多久」。

被迫死亡的問題

如果被俘虜的間諜因擔心遭受酷刑，而服用氰化物膠囊，這算是自殺嗎？假設這名間諜在其他狀況下不會尋死，那麼他就是被迫自殺。

必須是「人」才能強迫他人走上絕路嗎？一個人要不是在別無選擇、極度痛苦狀況下，他不會想尋死，那麼可以說這個人是受到環境的脅迫。

> 當一個人所處的環境中有符合自然的優勢時，他就應該繼續活著；當他占有或預見到大部分相反的事物時，則最好離開生活。
>
> ——西塞羅

大多數人選擇自殺是為了逃避某些事情——也許是為了逃離可怕的處境或精神上的痛苦。如果他們在活著的情況下就能擺脫痛苦，他們很可能就不會選擇自殺了。

Key Points

九一一事件：「墜落的人」和「不是跳樓的人」

　　2001 年 9 月 11 日在紐約的恐怖攻擊事件中，有兩百多人從雙子星大樓的窗戶掉下（或跳下）。紐約市醫療檢驗辦公室所提供的官方紀錄，將其死因歸類為「受鈍器傷害致死」，也就是受到地面撞擊，而不是自殺。受害者沒有被歸類為「跳樓者」的原因是，「跳樓意味著一種選擇，而這些人沒有這種選擇。這就是死因被判定為他殺的原因，因為『其他人』的行為導致他們的死亡。」

　　這個解釋無法令死者的所有親屬滿意。對某些人來說，自殺是罪惡的行為，無論情況如何，都會帶來神的懲罰。對另一些人來說，知道自己所愛的人有一定的控制權並且能夠做出一個最終的決定（無論多麼糟糕），會令他們感到安慰。對受害者的親屬來說，結束一個人的煩惱是「更崇高的理性」。

他們的自殺是否比面臨酷刑的間諜，或九一一事件中從世貿中心北塔跳下的人更加「有罪」呢？

十九世紀盛行於歐洲的浪漫主義運動推崇自殺這件事，認為這是對愛情或生活失望的痛苦靈魂之必然反應。

想別人所未想

幾個世紀以來，「自殺是不可饒恕之罪」乃是歐洲基督教盛行的觀點。哲學家阿奎納對此持有三個反對意見，其中一個意見很有趣，亦即認為此一觀點是專橫的。由於人類的自殺將「何時結束生命」的決定權從上帝手中奪走，

因此篡奪了上帝的權威。唯有在宗教開始失去對西方思想的控制權之後，哲學家才得以再一次思考自殺的概念，而不必伴隨這種頑固殘忍的信念。

古希臘人認為，自殺涉及的大多是社會責任和對神的責任，而不是個人的困境。休謨從效用的角度闡述這個迄今仍困擾人們的社會議題。他提出，如果繼續生活對個人是一種痛苦的負擔，他們便不太可能對社會作出巨大貢獻，因此若此人死亡了，對整個社會的損失可能不大，而對個人的解脫所帶來的好處會大於社會的損失。

在某些情況下，「效用主義」的等式會反對自殺——也許，自殺會讓悲傷的孤兒留待公眾照顧。但是，有些自殺事件對社會的影響可能很小——比方說，如果自殺者沒有留下需要受照料的家人的話。

在每一個案例中，自殺者繼續忍受痛苦生活所造成的傷害，必須與他人（個人或社區）因此所受到的傷害進行權衡，以確定該自殺行為是否在道德上是錯誤的。「反對自殺」違反社會契約的論點，自殺的人可以爭辯說：如果他或她無法忍受生活，那麼社會已背信在先。

在古希臘神話中，薛西弗斯（Sisyphus）是一位國王，他在陰間所受的懲罰是將一塊巨石推上山頂，之後再讓它滾至山下，如此周而復始、永無止境。

忍所難忍

二十世紀以在巴黎咖啡館抽菸、喝咖啡而聞名的存在主義者，發現了一個「荒謬」的事實——人類的生命毫無意義，世上沒有神的存在，我們的行為毫無目的，最終只有虛無和死亡。該理論之所以被稱為「荒謬」，並不是因

為它的愚蠢荒唐，而是因為它使生命與對意義的探索成為荒謬。由於意識到自己的無能和渺小，進而產生的焦慮感，可謂是一種深刻的哲學絕望。

也因此，假設所有一切終將在淚水中結束，為何不現在就結束呢？卡繆竭力避免「人生因此是毫無意義的」此一結論。他說，最後，儘管我們知道這一點，但我們還是要繼續生活：「奮鬥本身就足以填滿一個人的心。」

卡繆運用薛西弗斯（即那位在希臘神話中受罰、得不斷地將巨石推上山的國王）的類比總結道——前進的道路就是「想像薛西弗斯是快樂的」。也就是說，接受現狀、發現它令人感到自在，以及享受它所帶給我們的自由。

> 沒人想死。即便是那些想上天堂的人，也不想為了去那裡而死。然而，死亡是我們共同的目的地。沒有人能逃得過，而這也應該如此，因為死亡很可能是生命中唯一且最好的發明。它是生命改變的媒介。它能除舊布新。
>
> ——史蒂夫・賈伯斯
> （Steve Jobs, 1955–2011）

自殺義務

哲學家約翰・哈德維格（John Hardwig）提出了一個具爭議性的主張：在某些情況下，人們有自殺的道德義務。如果他們繼續生活下去會對其他人造成太過沉重的負擔，結束生命反而能帶來更大的利益，那麼他們應該選擇自

殺。不過,他也承認:「我很容易就想像得到,由於懦弱、合理化或嘗試解決問題卻失敗了,我將無法履行保護我所愛之人的義務。」

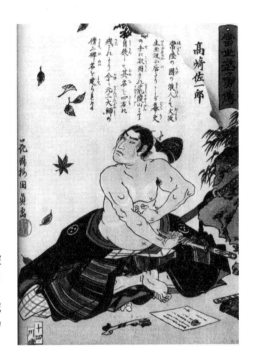

對於在戰役中落敗、受辱或被判處死刑的日本武士來說,自殺切腹儀式是一種道德責任。這種被稱為「sepukku」或「hara-kiri」的切腹儀式,乃是用一把特殊的刀切開腹部。

「並沒有」結論

　　哲學是一種永無止境的嘗試。一旦你開始思考生活、拋出的無數問題，便難以停止。即便你已從中找到一些問題的答案，你也總會找到更多的問題來問。但每個人都應該處理的唯一真正重要的問題是：「我想的是什麼？」所有的一切都根源於此。再回到齊克果所說的：「重要的是找到一個對於你而言真實的真理，找到一個（你）可以為之生存和死亡的理念。」

　　哲學是對真理的探索尋求。如果我們將之視為是一種對於「絕對真理」的追求，那麼將永遠無法抵達旅程的終點（但這與失敗不一樣）。但如果我們視之為「對於你而言是正確的真理」的追求，那麼就有可能到達旅途的終點。當你抵達時，自然會知道。

　　我們應該把最後的定論留給蘇格拉底，畢竟是他開啟了西方哲學。記住：未經審視、渾渾噩噩的生活不值得人過。

像哲學家一樣思考

27 堂邏輯素養課，鍛鍊你駕馭 AI 的思辨力！

Think Like a Philosopher

作　　者　　安‧魯尼
譯　　者　　許玉意
主　　編　　郭峰吾

總　編　輯　　李映慧
執　行　長　　陳旭華（steve@bookrep.com.tw）

出　　版　　大牌出版／遠足文化事業股份有限公司
發　　行　　遠足文化事業股份有限公司（讀書共和國出版集團）
地　　址　　23141 新北市新店區民權路 108-2 號 9 樓
電　　話　　+886-2-2218-1417
郵撥帳號　　19504465 遠足文化事業股份有限公司

封面設計　　FE 設計 葉馥儀
排　　版　　藍天圖物宣字社
印　　製　　成陽印刷股份有限公司
法律顧問　　華洋法律事務所　蘇文生律師

定　　價　　420 元
初　　版　　2020 年 7 月
二　　版　　2024 年 3 月

電子書 EISBN
978-626-7378-67-0（EPUB）
978-626-7378-68-7（PDF）

國家圖書館出版品預行編目（CIP）資料

像哲學家一樣思考：27 堂邏輯素養課，鍛鍊你駕馭 AI 的思辨力！／安‧魯尼 著；
許玉意 譯 . – 二版 . -- 新北市：大牌出版，遠足文化事業股份有限公司，2024.03
304 面；14.8×21 公分
譯自：Think Like a Philosopher
ISBN 978-626-7378-69-4（平裝）
1. CST：哲學

113002347